Günther Schaaf
Che Guevara – Begegnungen und Gespräche 1961-1964 in Kuba

Günther Schaaf

Che Guevara

Begegnungen und Gespräche 1961-1964 in Kuba

bearbeitet und ergänzt
von
Hans-Georg Schuster

PAHL-RUGENSTEIN

Pahl-Rugenstein Verlag Nachfolger GmbH
Breite Straße 47, 53111 Bonn
Tel. 0228/632306 Fax 0228/634968
E-Mail: prv@che-chandler.com

ISBN 3-89144-337-4

Druck: Interpress, Budapest

Umschlagsfoto: Günther Schaaf
Alle Fotos in diesem Buch stammen, soweit nichts anderes vermerkt ist, vom Autor.

Bibliografische Information Der Deutschen Bibliothek

Die Deutsche Bibliothek verzeichnet diese Publikation in der Deutschen Nationalbibliografie; detaillierte bibliografische Daten sind im Internet über http://dnb.ddb.de abrufbar.

Inhalt

Vorwort

Es war der 24. Februar des Jahres 2000. Ich stand während einer Urlaubsreise in Kuba wieder auf der Plaza von Baracoa, dem Hauptplatz der Stadt. Vor fast 40 Jahren, genau am 1. April 1963, eröffneten Che Guevara und ich hier die erste Fabrik in der Geschichte der Stadt, eine Schokoladenfabrik Made in DDR.

Wie in jenen Tagen war die Plaza auch am 24. Februar 2000 voller Menschen. Sie liefen an mir vorbei oder standen in Gruppen, redeten und lachten.

Ich sah in ihre Gesichter und hoffte, jemanden von damals zu erkennen. Die Menschen waren mir so vertraut und doch wieder fremd. Ich faßte Mut und sprach einige, vor allem ältere einfach an. »Hallo, Companero, kannst Du dich erinnern, an die Tage im April 1963, als Che hier die Schokoladenfabrik eröffnet hat?«

Nein, keiner konnte sich erinnern. Sie waren entweder zu jung oder lebten damals noch in ganz anderen Regionen des Landes.

Ich setzte mich auf eine Bank aus Stein. Es war die gleiche, auf der ich damals saß, im Schatten großer tropischer Bäume und von blühenden Sträuchern umgeben, und genoß die Block-Schokolade aus »meiner« Fabrik.

Von hier aus konnte ich die Plaza gut überblicken. Der Anblick der fröhlichen Menschen, der Straßen und Gebäude trieb die Gedanken fort. Die Erinnerungen spielten mir Bilder vom 1. April 1963 zu, als die Menschen von Baracoa die Eröffnung der Schokoladenfabrik ausgelassen feierten.

Trotz meiner großen Freude darüber, daß ich nach so vielen Jahren endlich wieder Gelegenheit hatte, den Ort zu sehen und zu erleben, an dem so viele Erinnerungen hingen, beschäftigte mich die Frage: Was hat Kuba anders oder besser gemacht als die DDR in den Jahren bis Ende 1989? Warum gibt es hier eine große Bereitschaft unter den Menschen, für Kuba und die sozialistische Ordnung zu arbeiten und sie in Wort und Tat zu verteidigen, obwohl es Engpässe in der Versorgung der Bevölkerung gibt und wieder eine Arbeitslosigkeit von 5,5 Prozent entstanden ist, obwohl auch in Kuba die Jugend ins Ausland reisen möchte, obwohl viele Emigranten nichts unversucht lassen, um Kuba zu schaden, obwohl Kuba mit dem US-$ die gleichen Erfahrungen macht wie ehemals die DDR mit der DM?

Der Autor auf »seiner Bank« auf der Plaza in Baracoa im Jahr 2000.

Die Antworten darauf fallen nicht leicht. Sicherlich, die Ausgangsbedingungen in der DDR und in Kuba waren unterschiedlich. Die Kubaner befreiten sich selbst durch eine Revolution. Kuba war und ist geographisch kein geteiltes Land. Und nach der Revolution blieb Kuba trotz seiner wirtschaftlichen Abhängigkeit von der UdSSR politisch so souverän, daß es seinen eigenen Weg beim Aufbau des Sozialismus beschritt.

Aber warum gibt es hier diese positive Grundhaltung der Mehrheit der Kubaner für das sozialistische Kuba? Nach meiner Erfahrung ist das vor allem in den Leistungen Kubas nach der Revolution begründet.

Es ist die erlebte Vorbildwirkung Kubas für den lateinamerikanischen Kontinent und der Stolz darauf, dem Yankee die Grenzen gezeigt zu haben. Es sind die gewaltigen Errungenschaften in Bildung, Gesundheits- und Sozialwesen sowie in der Landwirtschaft. Es ist aber auch die Sorge darüber, was passieren würde, wenn das US-Kapital und die Großagrarier wieder nach Kuba kommen und vom Land Besitz ergreifen.

Es sind die Erfahrungen der Menschen mit den Führungskräften in Kuba. Die verjüngte Führung, eben nicht nur Fidel Castro, genießt weitgehend Vertrauen. Die Schritte zur wirtschaftlichen Gesundung sind nach 1990 für jeden offensichtlich, dazu trug die Steigerung von landwirtschaftlichen Produkten, als auch von Fisch, Nickel und Rohöl bei. Das Bruttoinlandsprodukt (BIP) erhöhte sich im Jahre 2000 um 5,6%, und das alles ohne von der Weltbank, dem Internationalen Währungsfonds und der Europäischen Union abhängig zu sein.

Während ich an der Plaza in Baracoa auf der Bank saß und meinen Gedanken nachhing, kamen mir viele Gespräche mit Kubanern, vor allem die mit Che Guevara über die Entwicklung des Landes, in den Sinn.

Viele Bausteine des nunmehr einsetzenden Aufschwungs z.B. in der Derivate-Industrie des Zuckers und der Erdölproduktion gehen auf theoretische Gedanken und praktische Lösungsvorschläge von Che Guevara zurück. Die Aktualität der Lehren und Visionen von Che Guevara ist mit ein Grund für die gewaltige Ausstrahlungskraft, die er noch heute weit über die Grenzen Kubas hinaus besitzt.

In den Begegnungen, die ich in den Jahren 1961 bis 1964 mit Che hatte, konnte ich einige seiner herausragenden Eigenschaften kennen lernen. Ich habe ihn zutiefst bewundert, weil er, wie kaum jemand in einer Person den Guerillero, Politiker und Theoretiker vereinte. Diese Fähigkeit, gepaart mit solchen menschlichen Tugenden wie Bescheidenheit, Aufrichtigkeit und Ehrlichkeit, waren Säulen für seine gewaltige Ausstrahlungskraft.

Das war es aber nicht allein. Che hat in all den Jahren durch seine rastlose theoretische und politische Arbeit der Entwicklung Kubas und den revolutionären Bewegungen aller Kontinente wesentliche Impulse verliehen.

Manches von dem was Che in den 60er Jahren schrieb, ist sicher zeitbedingt überholt und trifft für die gegenwärtigen Entwicklungsbedingungen zum Beispiel Kubas nicht mehr oder nur noch zum Teil zu. Doch viele seiner Gedanken haben bis heute ihre Gültigkeit behalten. Sie werden von revolutionären Patrioten der dritten Welt studiert und diskutiert oder leben fort in politischen Jugendorganisationen der kapitalistischen Länder.

Horst-Eckhard Gross, Autor und Herausgeber mehrerer Publikationen von Che Guevara, schreibt: »Mehr als sechzehn Jahre nach seinem Tod sind seine Spuren in der ganzen Welt zu finden. Sein Bild finden wir überall, ob nun in Europa auf Büchern, Postern oder Buttons, ob in Lateinamerika im Symbol einer der wichtigsten Guerilla-Organisationen Guatemalas oder des kubanischen Jugendverbandes UJC...

Bekannt ist er auch heute nicht nur bei jenen, die noch bewußt seine Taten und seinen Tod erlebten. Bekannt ist er auch bei jenen, die am Tage seines Todes erst wenige Jahre lebten oder noch gar nicht geboren waren. Ob man sich mit Jugendlichen in Chile oder in der Bundesrepublik Deutschland unterhält: Die Ideen Ernesto Che Guevaras haben seinen physischen Tod überlebt.«

Davon konnte ich mich persönlich immer wieder überzeugen.

Aufbruch nach Kuba

Meine erste Begegnung mit der Insel Kuba liegt nun 40 Jahre zurück.

In der Mitte des Jahres 1961 war ich im Außenhandelsbetrieb Chemieausrüstungen als Exportkaufmann für Entwicklungsländer beschäftigt. In dieser Tätigkeit hatte ich natürlich auch Informationen, um die Entwicklungen auf Kuba verfolgen zu können. Hinzu kam, daß in den Medien der DDR sehr ausführlich über die Ereignisse in Kuba berichtet wurde. Fast jedes Schulkind kannte die kubanische Revolutionshymne, die damals täglich über das Radio gesendet wurde.

Seit der Zerschlagung des Batista-Regimes und der Regierungsbildung unter Präsidentschaft von Fidel Castro und Che Guevara als Industrieminister waren fast alle Staaten des sozialistischen Lagers mit Botschaften, Gesandtschaften und Handelseinrichtungen auf Kuba vertreten.

Auch die DDR hatte bereits verschiedene Einrichtungen in Havanna installiert und hatte ebenfalls ein vitales Interesse am Ausbau von Wirtschaftsbeziehungen zu der damals jungen kubanischen Republik.

Dafür gab es mindestens zwei Gründe. Zum ersten: Die Lage in Kuba war sehr ernst. Sabotageakte, Wirtschaftsboykott und militärische Übergriffe, mit denen allen voran die USA die Entstehung eines sozialistischen Landes vor ihrer Haustür zu verhindern suchten, forderten unsere konkrete Solidarität mit dem kubanischen Volk. Zum zweiten war Kuba mit seiner völlig unterentwickelten Wirtschaftsstruktur für die DDR ein viel versprechender Markt.

Vor diesem Hintergrund versuchten einzelne Außenhandelsbetriebe der DDR, hier mit ihren Erzeugnissen Fuß zu fassen, zumal das Exportgeschäft mit Kuba für die DDR-Unternehmen damals noch wie der Handel mit einem Land des »Nichtsozialistischen Wirtschaftsgebietes« (NSW) für »harte Währung« gewertet worden ist.

Auch mein Betrieb, der Außenhandelsbetrieb Chemieausrüstungen, sah mit seiner breiten Palette von Erzeugnissen große Wirtschaftschancen. Doch so einfach ging das alles nicht. Die Erzeugnisse waren zwar da, aber welche Menschen sollten den Handel betreiben? Da war guter Rat teuer. Und wie so oft in solchen Fällen, gab es nur einen Ausweg aus dieser Not: Eine Losung mußte gefunden und eine Aktion gestartet werden.

Im AHB Chemieausrüstungen hieß die Losung schlicht »Kader für Kuba«. Monatelang wurde nun nach geeigneten Personen gesucht, sind Gespräche geführt, Vorschläge unterbreitet und letztlich wieder verworfen worden. Bei dem einen fehlte es an Fachkenntnissen, bei dem anderen an Erfahrung in diesem Geschäft. Manche hatten schulpflichtige Kinder oder einen hochqualifizierten Ehepartner, für den es in Kuba keine Arbeit gab. Viele waren einfach verunsichert und hatten verständlicher Weise auch etwas Angst. Die politische Lage war nach wie vor instabil, und die Medien berichteten von Kampfhandlungen, vor allem in der Sierra del Escambray nahe der Stadt Trinidad#. Wieder andere fürchteten das tropische Klima und die Hitze auf Kuba.

Es schien kein Mitarbeiter da zu sein, der den Handel mit Kuba zur Zufriedenheit aller hätte organisieren und führen können. Eine schwierige Situation, fürwahr. Doch es mußte gehandelt werden, zumal seitens der kubanischen Regierung bereits konkrete Anfragen nach Erzeugnissen unserer Branche vorlagen.

Die Diskussion um einen »Kader für Kuba« wurde durch den Parteisekretär des Betriebes kurz und bündig zum Abschluß gebracht. Nach dem Motto, Mitglieder einer SED-Parteileitung müssen Vorbild sein, sollte nun ein Vertreter aus diesem Gremium ausgewählt werden. Während einer Leitungssitzung schaute der Parteisekretär in die Runde und zeigte zu meiner völligen Überraschung mit ausgestrecktem Arm auf mich: »Du, Günther, gehst nach Kuba.«

Diese Entscheidung traf mich wie aus heiterem Himmel. Zwei Seelen wohnten in meiner Brust. Einerseits fühlte ich mich natürlich geehrt und war stolz, daß man mir die Übernahme einer solchen großen Aufgabe zugetraut hatte, zumal ich erst zwei Jahre im Außenhandelsbetrieb tätig war. Als junger Mensch reizte es mich außerordentlich, den Aufbruch Kubas ganz persönlich miterleben zu dürfen.

Andererseits hatte ich im AHB gerade die Verantwortung für die Entwicklung der Handelsbeziehungen auf dem Gebiet der Armaturen mit dem Nahen Osten als neues Aufgabengebiet übernommen. Hinzu kam, daß ich zwar gut Russisch sprach, aber nur leidlich Englisch und kein Wort Spanisch.

Aber was sollte das Zögern, andere Kollegen waren in der gleichen Lage. Es galt der Grundsatz: Wir schaffen es! Nun mußte ich nur noch meine Frau überzeugen. Im Verlaufe der nächsten Tage und Wochen begann ich mit den Vorbereitungen. Vieles mußte bedacht werden.

Die Ausreise nach Kuba war für den 15. August 1961 festgesetzt. Meine Frau und ich hatten mit der Reisevorbereitung alle Hände voll zu tun. Kleidung, Schuhe, Wäsche und vor allem die Dinge des täglichen Bedarfs mußten sorgfältig zusammengestellt werden. Wir wollten natürlich nichts vergessen. Niemand konnte uns bei der Reisevorbereitung umfassend beraten.

Deshalb wußten wir eben auch nicht so genau, was uns in den ersten Tagen und Wochen in Kuba erwarten würde. Aber letztlich hatten wir zum Abreisetermin alle persönlichen Reisevorbereitungen getroffen und machten uns nun auf, uns von Freunden und Verwandten zu verabschieden. Wir fuhren am 12. August nach Wilhelmsruh unweit der Grenze zwischen der DDR und Westberlin. Dort hatten wir eine kleine Abschiedsfeier vorbereitet und wollten die letzten Stunden in der Heimat noch genießen.

Doch die Ereignisse überschlugen sich. Unsere Feierlichkeiten wurden abrupt unterbrochen. Der 13. August 1961 hatte uns so überrascht, daß wir keine Sekunde mehr an Feiern und Reisen denken konnten.

Es war erst 5 Uhr morgens. Ich schaltete das Radio ein. Die Meldungen von der Schließung der Grenzen zwischen der DDR und der Bundesrepublik überschlugen sich. Draußen, auf der Straße, war die Hölle los. Lautsprecherwagen fuhren durch die Straßen und informierten die Bewohner. Demgegenüber Menschenansammlungen mit nicht gerade freundlichen Worten und Gesten jenseits der Grenze auf westlicher Seite.

Angesichts dieser zugespitzten politischen Lage meldete ich mich umgehend im Ministerium für Außenhandel. Man bestellte mich für Montag, den 14. August 1961 und gab mir zur Kenntnis, daß der für den 15. August geplante Flug nach Havanna bis auf weiteres storniert war. Meinen Reisepaß mußte ich abgeben und auf das Ausreisevisum wurde der Stempel mit der Inschrift »UNGÜLTIG« gedrückt. Dafür wurde mir ein neuer Fragebogen überreicht, den ich sofort und an Ort und Stelle auszufüllen hatte.

Doch dann lief alles wie am Schnürchen. Offensichtlich hatte man es in den zuständigen Ministerien der DDR sehr eilig, wieder einen Außenhandelsvertreter nach Kuba zu schicken. Ich erhielt nämlich sehr schnell einen neuen Reisepaß, ein gültiges Visum und den Ausreisetermin.

Genau am 5. September 1961 hob die Maschine der »Cubana« mit unserem Sohn, meiner Frau und mit mir an Bord vom Flughafen in Prag ab, mit dem Ziel Havanna. 11 Flugstunden lagen vor uns, und nach einer Zwischenlandung auf der Azoren-Insel Santa Maria betraten wir dann in den Morgenstunden des 6. September 1961 zum ersten Mal den Boden Kubas.

Ankunft auf Kuba

Bei der Ankunft auf dem Flughafen in Havanna waren wir ziemlich aufgeregt. Was würde uns in den nächsten Jahren in diesem Land erwarten? Wie würden wir mit dem Leben zurecht kommen, wenn wir doch nicht mal Spanisch sprechen? Wie sollte ich unter solchen Voraussetzungen erfolgreich mit den kubanischen Partnern zusammenarbeiten? Wie heißt es so treffend – »Kommt Zeit, kommt Rat!« So ließen wir die Dinge ein wenig auf uns zukommen.

Die erste Begegnung mit Havanna ist uns tief in Erinnerung geblieben und prägt noch heute unser Bild von dieser Stadt.

Das »Rio mar« (rechts) im Stadtteil Miramar von Havanna war der Wohnort aller Diplomaten und Mitarbeiter der Mission und der Botschaft der DDR.

Der Franzose Franc Nichele hat einmal geschrieben: »Was man auch immer über Havanna denken mag, man irrt sich. Havanna gehört zu den wenigen Städten in der Welt, in denen die Wirklichkeit die Legende noch übertrifft.«

Wie recht Franc Nichele hat. Bereits auf dem Flughafen und danach auf der Fahrt in die Stadt bis zum Platz der Revolution – entlang an Bürohäusern, Werkstätten und Ersatzteillagern, an denen Firmenschilder und Reklame an die ehemaligen US-Konzerne erinnerten – spürten wir das pulsierende Leben, die Schönheit und das Temperament dieser einzigartigen Stadt. Wir erreichten den Malecon, die kilometerlange Strandpromenade, die der eigentliche Treffpunkt der Menschen ist. Hier wird gesungen und getanzt, hier wird geredet und gelacht.

Wir waren im vornehmen Stadtteil Miramar untergebracht. Unser neues Zuhause, ein zehngeschossiges Gebäude mit dem Namen Rio Mar, lag direkt am Meer. Hier wohnten Menschen vieler Nationen. Von unseren Landsleuten waren bis auf den Missionschef, später der Botschafter, alle Diplomaten und Mitarbeiter der DDR-Vertretung untergebracht.

Nach einer qualvollen ersten Nacht – die Aufregung und Hitze, aber auch der sechsstündige Zeitunterschied hatten uns keine Ruhe finden lassen – trafen wir uns am nächsten Morgen gegen 10 Uhr mit Kollegen aus der Handelsvertretung der DDR.

Wir hatten ja keine Ahnung vom Leben hier. Alles war neu für uns, alles mußten wir erfragen. Wo kann man einkaufen? Was sollten wir essen? Wie ist es mit den öffentlichen Verkehrsmitteln? Oder wo befindet sich der Arzt? Wir hatten großes Glück, ein älteres Ehepaar, namens Krüger, nahm sich unser liebevoll an, beantwortete geduldig alle Fragen, versorgte uns in den ersten Tagen mit Essen und half uns über die anfänglichen Schwierigkeiten hinweg.

Bei unserem ersten Einkaufsbummel in Havanna trauten wir unseren Augen kaum. Wie völlig anders hatten wir es uns vorgestellt. Hier war nichts von Mangel und Engpässen zu sehen. Das Angebot an Konsumgütern war umfangreich. Schuhe, Textilien, Spielzeug und Nahrungsmittel waren keine Mangelware. Eine breite Palette von Waren und Dienstleistungen wurde von freundlichen Menschen angeboten. Eine große Last war uns genommen.

Der Autor auf Dienstreise im Lande.

Die Arbeit beginnt

Ich konnte es kaum erwarten, meine neue Dienststelle, vor allem die neuen Kollegen, kennen zu lernen. Deshalb begab ich mich gleich am nächsten Tag, schon um 8 Uhr, zum Dienst in die Handelsvertretung. Sie befand sich in der 23. Calle, im Edeficio »ENE«, nahe dem Hilton-Hotel, was Havannabesuchern unter dem Namen »Havanna Libre« bekannt sein dürfte.

Die Büros der Handelsvertretung befanden sich im quinto piso, dem 5. Stock. Außer uns waren hier auch kubanische Institutionen, aber auch die bulgarische, tschechoslowakische sowie die rumänische Handelsvertretung beheimatet.

Zu dieser Zeit war Walter Klein der Handelsrat der DDR. Ich begab mich zu ihm und stellte mich vor. Ohne große Worte zu machen führte er mich kurzerhand an meinen neuen Arbeitsplatz. Walter Klein sagte nur: »Der Arbeitsplatz ist seit Monaten nicht mehr besetzt. Es wird sich wohl eine Menge angehäuft haben.« Etwas verwirrt stotterte ich so etwas wie: »Werde mir mal alles ansehen, aber es wird so seine Zeit dauern!« Als ich das damit zu begründen versuchte, daß meine Spanischkenntnisse gleich null wären und ich besser Russisch als Englisch spreche, lachte der Handelsrat nur und sagte: »Es geht hier den Menschen wie den Leuten. Da mußt Du durch!«

Das konnte nicht sonderlich trösten. Ich fühlte mich längst in so einer Art »Verunsicherung« befangen. Ein Gefühl, das wohl jeder kennt, der schon mal im Ausland in eine schwierige Situation gekommen ist, völlig auf sich selbst gestellt zu sein und ohne Kenntnisse der Landessprache agieren muß.

Genau so fühlte ich mich. Kurz gesagt: Eben völlig verunsichert! Klingelte das Telefon, dachte ich, hoffentlich sprechen die Deutsch. Mußte ein Brief an die kubanischen Partner aufgesetzt werden, brauchte ich Hilfe.

Aber gemessen an dem flauen Gefühl, das mich anfangs vor jedem persönlichen Gespräch mit Kubanern befiel, war das alles nichts. Mir war eines klar: Ohne persönliche Kontakte werde ich wohl meinen Job nicht ausüben können. Denn keine persönlichen Kontakte zu pflegen, hätte gerade hier in Kuba unweigerlich für jeden von uns das definitive Aus bedeutet.

Ich machte mir einige Hoffnungen, eventuell mit Englisch oder Russisch weiterzukommen. Doch die Hoffnungen zerplatzten wie Seifenblasen im Wind. Russisch war für die Kubaner damals noch eine völlig unbekannte Sprache, und Englisch wollten viele aus politischen Gründen nicht hören, geschweige denn selber sprechen.

Doch zurück zum Tagesgeschehen. Wie allerorts, wenn man als »Neuer« kommt, vollzog sich auch in diesem Fall die übliche Zeremonie. Ich wurde den acht »Delegaten«, meinen neuen Kollegen, vorgestellt. Mir gegenüber am Schreibtisch saß Jochen Skirde, der Delegat für Nahrungs- und Genußmittel Export/Import. Da mich das Thema »Spanisch« immer noch quälte, entschloß ich mich, bei ihm vorsichtig anzuklopfen und zu erfragen, wie es denn bei den Kollegen mit den Spanischkenntnissen so wäre?

»Spanisch kann von uns kaum einer. Das kann nur Siegfried Krause, vom Außenhandelsbetrieb Elektrotechnik. Wir anderen nehmen Spanischunterricht, meist mehrmals in der Woche am Berlitz-Institut.«

Diese Auskunft beruhigte mich zwar ein wenig. Doch mein eigenes Problem war damit nicht gelöst. Das ging nur über eine solide Sprachausbildung. Deshalb ging auch ich zum Berlitz-Institut, mehrmals in der Woche und immer abends ab 21 Uhr. Aber wie so immer im Leben: Alles Jammern hilft nicht. Recht hatte der Handelsrat mit seiner Bemerkung, »da mußt du durch«.

Und da nie etwas so heiß gegessen, wie es gekocht wird, machte ich mich auch recht mutig auf den Weg in die »Höhle des Löwen«. Meine ganze Aufregung war völlig umsonst. Im Kontakt mit den Kubanern, in den Gesprächen und Verhandlungen, brachte man mir viel Verständnis für meine Lage entgegen. Vor allem immer dann, wenn ich völlig allein auf mich gestellt war, also in Situationen, vor denen ich mich vorher so gefürchtet hatte, spürte ich Hilfe und Solidarität.

Das tat gut. Ich hatte nämlich im Exportgeschäft zwischen Kuba und der DDR eine umfangreiche Warenpalette zu vertreten. Folglich mußte ich mit einer Vielzahl von Personen aus völlig verschiedenen Ministerien und Institutionen der kubanischen Regierung zusammenarbeiten. Oberster Dienstherr des Industrieministeriums war kein geringerer als Ernesto Che Guevara.

Im einzelnen erstreckte sich die Zusammenarbeit auf folgende Gebiete, für die insbesondere das Industrieministerium und die INRA (Institut für die Agrarreform) verantwortlich zeichneten:

- Mühlen und Verarbeitung, besonders Kakaoverarbeitung,
- Luftzerlegungsanlagen,
- Raffinerie-Ausrüstungen,
- Dieselmotoren u.a. für Fischereifahrzeuge, Eisanlagen, Speiseölextraktion und Speiseölraffinerie,
- Bewässerungs- und Pumpenanlagen,

- Kälte- und Klimaanlagen für Restaurants, Hotels und Cafeterias,
- Kessel für Zuckerfabriken, Zentrifugen und Klimaanlagen.

Bereits Anfang 1960 gab es in der Administration des Außenhandels Kubas eine mit dem Ministerium für Außenhandel der DDR vergleichbare Einrichtung, das Ministerio del Comercio Exterior, kurz MINCEX genannt, dem alle kubanischen Außenhandelsbetriebe unterstanden. Im Außenhandel waren für mich zwei Unternehmen, Empresas, besonders wichtig: Maquimport und die Empresa para Plantas completas. Beide Unternehmen waren für den Handel auf Teilgebieten des Maschinenbaues und kompletter Produktionsanlagen zuständig.

Mehrere Monate waren bereits ins Land gegangen. Mir schien es, als wäre ich erst gestern in Havanna angekommen. Doch mittlerweile schrieben wir bereits das Jahr 1962.

Meine Frau und ich hatten uns in diesem Land längst eingerichtet. Ich hatte intensiv die Sprache gelernt, und so war auch auf diesem Gebiet der anfängliche Druck einem durchaus gesunden Selbstvertrauen gewichen. Die Arbeit machte Fortschritte. Die Kooperation mit den kubanischen Partnern war nicht gerade mit einem »Spaziergang auf dem Malecon« zu vergleichen, aber solidarisch. Sie gestaltete sich in gegenseitigem Respekt und war stets fair.

Zu Hause, in der DDR, in den Amtsstuben der Ministerien und Außenhandelsbetriebe, interessierte sich niemand so richtig für unsere scheinbar so »kleinen« Sorgen. Warum auch? Nach den Meinungen der meisten Kollegen wurden wir ob unserer Arbeit auf Kuba eher beneidet. Was wollen die in Kuba denn noch? Immer Sonne, das Meer und weiße Strände – das ist das Paradies!

Eine schöne Vision, durchaus! Die Realität war eine andere. Anfang der 60er Jahre, nach Schließung der Grenzen zur BRD, begannen sich auch in der DDR-Wirtschaft die Räder in einem anderen Takt zu drehen. Die Wirtschaft unterlag stärker den harten Gesetzen der Systemauseinandersetzung. Das nahm den Außenhandel nicht aus. Es erfaßte ihn mit ganzer Wucht. Die Ministerien und Außenhandelsbetriebe der DDR hatten neben dem »Plan« auch exakte Auflagen, um sich vom kapitalistischen System und besonders von der BRD wirtschaftlich unabhängiger zu machen.

Wir in Kuba bekamen die Entwicklung unvermittelt zu spüren. Wie bereits erwähnt, galt Kuba noch als NSW-Land. Der Handel mit Kuba mußte sogenannte »harte« Devisen erbringen, die wir mit dem Abschluß von Exportverträgen zu erwirtschaften hatten. Welcher Druck von zu Hause auf uns ausgeübt wurde, kann sich jeder denken. Ich habe es oft als einen Segen empfunden, daß ich meine Arbeit in 10 000 km Entfernung von Berlin erledigen konnte. Vieles war einfach leichter zu ertragen.

Ich möchte hier aber keine Irritationen aufkommen lassen. Ich war fest entschlossen, meine Aufgaben zu erfüllen und ließ deshalb keine Gelegenheit ungenutzt, um durch neue Geschäftsabschlüsse mit Kuba für die DDR Devisen zu erbringen. Wie sollte ich vorgehen, zumal man in Kuba alles gebrauchen konnte. Ich nutzte meine ersten Kontakte zu den kubanischen Ministerien, um mir einen Überblick über deren Gedanken und Vorstellungen zu verschaffen.

Man muß an dieser Stelle vermerken, daß die kubanische Seite in den ersten Jahren nach der Revolution noch über keine verläßlichen Bedarfsanalysen verfügte. So kam es, daß bei Vertragsverhandlungen mit uns von kubanischer Seite oft Stückzahlen genannt wurden, die eher den subjektiven Vorstellungen der jeweiligen Verhandlungsführer entsprachen, die zudem meist über noch keine kaufmännische Ausbildung verfügten. Sie waren als Kämpfer der Revolution ihrem Land treu ergeben. Dementsprechend verhandelten sie mit uns. Diese Tatsache wurde leider auch allzu oft von ausländischen Handelspartnern im eigenen Interesse ausgenutzt. Wir DDR-Händler waren dabei keine Ausnahme. Mir mißfiel es, das grenzenlose Vertrauen der Kubaner in uns derart zu mißbrauchen.

Mein erster Vertrag über den Export von Kompressoren des VEB Geraer Kompressorenwerkes aus der DDR nach Kuba ließ nicht lange auf sich warten. Wie war ich stolz. Maquimport wollte mit uns einen Vertrag über den Ankauf von 5000 dieser Kompressoren abschließen. 5000 Stück? Ich glaubte, meinen Ohren nicht zu trauen. Meine Erfahrung als Exportkaufmann sagte mir, diese Stückzahl ist viel zu hoch. Es handelte sich nämlich nicht um kleine Kompressoren für den Privatgebrauch, sondern um solche mit großer Leistung. Mit solchen Kompressoren war Kuba zum damaligen Zeitpunkt noch gut ausgestattet, so daß das Land niemals einen Jahresbedarf von 5000 Stück haben konnte. Diese Stückzahl von Kompressoren war aber die gesamte Jahresproduktion des VEB Geraer Kompressorenwerkes für das NSW. Deshalb konnte ich davon ausgehen, daß ich von zu Hause keine Kritik erhalte, wenn ich mit den Kubanern eine geringere Anzahl dieser Kompressoren vereinbaren würde, zumal nach meiner Kenntnis für Kuba 1500 Stück völlig ausreichend wären. Maquimport ließ sich aber von seiner Forderung nach 5000 Stück nicht abbringen.

Mir kam eine Idee, die uns alle aus der verzwickten Lage heraus führen könnte. Ich stellte dem Handelsrat die Frage: »Wie wäre es, wenn wir mit der kubanischen Seite einen Globalvertrag abschließen würden, in dem wir uns zwar zur Lieferung von 5000 Stück Garagenkompressoren innerhalb von drei Jahren verpflichten, und uns für das laufende Jahr zur Lieferung von 1500 Stück Garagenkompressoren einigen?« »Ob das klappen wird?«, fragte der Handelsrat. Wer konnte das schon wissen? Wir mußten es versuchen.

Die Verhandlungen mit den Kubanern verliefen wider Erwarten ganz in unserem Sinne. Alsbald machten wir einen Globalvertrag über 5000 Kompressoren mit einer Jahreslieferung von 1500 Stück.

Dann passierte etwas, womit ich damals als »Kuba-Neuling« nicht gerechnet habe. Die DDR lieferte die 1500 Kompressoren, aber die Kubaner haben sie einfach nur eingelagert. Selbst ein Jahr später waren diese noch nicht zum Einsatz gekommen. Das war für uns eine gute Gelegenheit, den Globalvertrag wieder aufzuheben.

Beide Seiten waren gerettet. Mein kubanischer Partner vor einer teuren Fehlplanung und ich, vor dem Makel, die Unwissenheit der Kubaner ausgenutzt zu haben. Mein Ansehen als ehrlicher Kaufmann stieg und das sollte auch so bleiben.

Meine erste Begegnung mit Che Guevara

Bevor ich über Eindrücke und Erlebnisse von meiner ersten Begegnung mit Che Guevara berichte, sollen zum besseren Verständnis der Persönlichkeit Che's einige wichtige Stationen seines Lebens dargelegt werden.

Che, der mit vollem Namen Ernesto Guevara de la Serna hieß, wurde am 14. Juni 1928 in Rosario in Argentinien geboren. Er hatte noch vier Geschwister. Seine Familie hatte wahrlich keine revolutionäre Vergangenheit. Vater und Mutter gehörten zwar nicht zur reichen Oberschicht, entstammten jedoch vornehmen argentinischen Familien spanischer Herkunft.

Mit dem zweiten Lebensjahr bekam Che chronisches Asthma. Er ertrug diese Krankheit ohne jemals zu klagen. Im Gegenteil: Sein Vater berichtet, daß er sich seit seiner frühen Kindheit mit großer Willenskraft den quälenden Asthmaanfällen widersetzte.

Che liebte Bücher. Diese Leidenschaft hat ihn nie verlassen. Auch in den Jahren, als ich mit Che zusammen traf, waren Bücher seine ständigen Begleiter. Che las alles. Waren es in seiner Kindheit vor allem Abenteuergeschichten von Jules Vernes, Jack London, Hugo und Dumas, so las er später dann Cervantes, Gorki und Dostojewski, Werke der klassischen Philosophie, Geschichte, Psychologie und Kunst. In der Zeit als Revolutionär galt seine Aufmerksamkeit den Werken von Marx, Engels und Lenin.

Ich erinnere mich, daß Che in unseren Begegnungen mehrmals von seinem intensiven Studium des »Kapital« von Marx erzählte.

Soziale Ungerechtigkeit war für Ernesto Che Guevara eine enorme Herausforderung. Die tiefen sozialen Widersprüche in den Ländern des südamerikanischen Kontinents, Unmoral, Arroganz und Bestechlichkeit der Oberschicht sowie hoffnungsloses Elend der einfachen Menschen konnte er nur schwer ertragen.

Das zeigte sich schon in frühester Kindheit. Wegen des Asthmas des kleinen Ernesto wohnte die Familie in Alba Gracia, einer kleinen Bergstadt in der Nähe von Cordoba. Hier erlebte der damals sechsjährige zum ersten Mal die krassen sozialen Unterschiede zwischen arm und reich. Er mußte mit ansehen, daß Familien mit acht Personen nur ein Bett hatten und als Zudecken nur Lumpen oder Papier benutzten. Sein Vater schreibt: »Wahrscheinlich entstand in jener Zeit Ernestos ablehnende Haltung gegenüber der ausbeutenden Klasse.« Der Vater erinnert sich, daß bereits in dieser Zeit der kleine Ernesto in seinen Spielen und Gesprächen Fragen nach dem Kampf der sozialen Klassen stellte.

1943 siedelte die Familie nach Buenos Aires über. Che nahm hier das Medizinstudium auf. In den folgenden Jahren wurde er immer wieder mit den sozialen Mißständen des Landes konfrontiert, so daß er sich an der Universität von Buenos Aires entschloß, Mitglied der Studentenorganisation »Federacion Universitaria des Buenos Aires« zu werden. Diese Organisation war von sozialistischen und kommunistischen Zielen geprägt. Che engagierte sich mit ganzer Leidenschaft. Wo er auftrat, klagte er die Willkür der Herrschenden an, verurteilte die Mißstände und Mißwirtschaft in Argentinien.

Der Vater berichtet: »Ernesto hatte seine Leidenschaft für politische Themen entdeckt. Niemand, der ihn sprechen hörte, konnte sich der Faszination, die von ihm ausging, entziehen. Er hatte zudem die Angewohnheit, am Anfang eines Gesprächs langsam zu sprechen und wurde erst im

Laufe des Gesprächs, wenn es ihn erregte und erwärmte, wendiger und lebhafter. Er hatte dunkle Augen, von denen ein eigentümlicher Reiz ausging. Wenn er einen anblickte, erforschte er zugleich das Wesen seines Gesprächspartners.«

29. Dezember 1951: Che ist 23 Jahre alt. Er entscheidet sich zu einer Motorradreise mit seinem älteren Freund Alberto Granado durch Chile, Kolumbien, Peru, Venezuela und den Süden Argentiniens. Sie schlugen sich so durch. Sie betreuten Leprakranke in Argentinien und arbeiteten in Chile in den Kupferminen von Chuquicamata. Sie erlebten das Elend der Obdachlosen in Peru und die brutale Gewalt der Militärdiktatur von Kolumbien, die mit Mord und Terror die Opposition verfolgte und gegen rebellierende Bauern vorging. Diese Reise hat Che grundlegend verändert. Er schrieb in sein Tagebuch: »Ich bin nicht ich; zumindest bin ich nicht mehr dasselbe innere Ich. Dieses ziellose Streifen durch unser riesiges Amerika hat mich stärker verändert, als ich glaubte.«

Im August 1952 kehrte Che wieder nach Argentinien zurück. Die große Feuchtigkeit und einseitige Ernährung machten ihm erhebliche Schwierigkeiten. Er konzentrierte sich nun völlig auf den Abschluß des Medizinstudiums.

Im Mai 1953 war es geschafft. Che erhielt sein Diplom als Chirurg und Facharzt für Dermatologie. Er hatte durchaus die Chance, in Argentinien eine brillante Karriere als Wissenschaftler und Arzt zu machen. Aber schon kurze Zeit, nachdem Che sein Diplom als Mediziner in den Händen hielt, zog es ihn wieder fort.

Im Juli 1953 verabschiedete sich Che von seiner Familie und von Freunden mit den Worten: »Von Euch verabschiedet sich ein Soldat Amerikas«.

Seine erste Reisestation war diesmal Bolivien. Hier traf er viele argentinische Emigranten, wie den Rechtsanwalt Rojo, der vor dem Peron-Regime geflüchtet war und in Bolivien längst Kontakte mit bolivianischen Regierungsvertretern aufgenommen hatte. Che wurde in diese Kreise eingeführt. Er hatte sogar einige Zeit eine Tätigkeit im Amt für die Agrarreform und in der Verwaltung für Information und Kultur aufgenommen.

In dieser Funktion machte er aber bald die bittere Erfahrung, daß die an die Macht gekommenen Politiker Boliviens selbst in Spekulationen und dunklen Finanzgeschäften verwickelt waren. Besonderen Ekel empfand Che davor, wie sie vor Washington katzbuckelten.

Rojo, der argentinische Rechtsanwalt, forderte Che auf, mit ihm nach Guatemala zu gehen. In diesem Land hatten sich für lateinamerikanische Verhältnisse tiefgreifende Veränderungen vollzogen. Durch eine Wahl ist im Jahre 1953 der Oberst Jacobo Arbenz Guzmann an die Macht gekommen. Eine seiner ersten Amtshandlungen war es, die nordamerikanische »United Fruit Company« zu enteignen. Des weiteren hatte Arbenz Guzmann mit einem Gesetz über die Agrarreform des Landes und die Enteignung von über 500 000 Hektar Latifundien weltweit für Aufsehen gesorgt.

Che konnte sich jedoch nicht für eine Reise nach Guatemala entschließen, er wollte nach Peru. An der Grenze zu Peru fand man bei ihm eine Reihe von Schriften über die bolivianische Revolution. Das genügte der Polizei, um ihn hier zu verhaften. Bald wieder in Freiheit, ging Che nach Lima, wo er dem argentinischen Rechtsanwalt Rojo erneut begegnete. Rojo drängte Che erneut, Lima zu verlassen und nach Guatemala zu reisen und sagte: »Gefragt ist jetzt

Guatemala. Dort gibt es eine wichtige Revolution, man muß sie sehen.«

Ende des Jahres 1953 machte sich Che zu Fuß und per Anhalter auf nach Guatemala. Sein Weg führte ihn über Costa Rica. Hier traf Che erstmals Kubaner, die sich am Kampf gegen Batista beteiligten. Hier erfuhr er von der Niederlage der Kämpfer Fidel Castros, die die Moncada-Kaserne in Santiago de Cuba gestürmt hatten, aber verloren. Die meisten starben. Die Überlebenden wurden in Gefängnisse geworfen, gefoltert, verstümmelt.

Aber damals, 1953, stand Kuba noch nicht im Mittelpunkt der Aufmerksamkeit, also auch nicht Fidel Castro, sein Bruder Raul oder die anderen Mitkämpfer. Im Mittelpunkt stand Guatemala.

Die Entwicklungen in Guatemala haben Che nachhaltig beeinflußt. Begeistert schrieb er Anfang Januar 1954 an seine Familie von den demokratischen Veränderungen in diesem Land.

Hier in Guatemala lernte Che Ende 1953 auch die peruanische Revolutionärin Hilda Gadea kennen. Sie hatte in Lima Ökonomie studiert und sich bereits in dieser Lebensphase intensiv mit dem Marxismus beschäftigt. Che heiratete sie wenig später in Mexiko. Hilda Gadea hatte einen besonders starken Einfluß auf Che. Durch sie soll Ernesto Che Guevara Kommunist geworden sein. In der Ehe mit Hilda wurde die Tochter Hildita geboren. Doch die Ehe wurde im gegenseitigen Einvernehmen wieder geschieden, und Hilda ging nach Peru zurück.

Im Jahre 1958, während die Kämpfe in der Sierra del Escambray auf Kuba besonders heftig tobten, lernte Che die Partisanin Alaida March kennen. Sie heirateten am 2. Juni 1959. Che hatte mit Alaida vier Kinder, zwei Söhne und zwei Töchter. Hildita, die Tochter aus erster Ehe, wohnte ebenfalls in der Familie von Che Guevara.

Aber zurück zur Situation in Guatemala.

Zu Beginn des Jahres 1954 hatten die USA bereits eine wüste Hetzpropaganda gegen die Reformpolitik von Arbenz Guzmann entfesselt. Im Weißen Haus wollte man nicht dulden, daß sich ein »Roter Vorposten in Mittelamerika« bildet. Man versuchte der Welt zu vermitteln, daß Guatemala ein »kommunistischer« Staat geworden sei und für die USA, ja für die »freie westliche Welt« insgesamt eine Bedrohung darstelle. Die USA bereiteten den Sturz des Präsidenten in aller Öffentlichkeit vor. Der US-Botschafter John Peurifoy erklärte in der Zeitschrift »Time«: »Die Vereinigten Staaten von Amerika können nicht dulden, daß zwischen Texas und dem Panamakanal eine Sowjetrepublik entsteht.«

Es kam, wie es von den USA geplant war: Am 17. Juni 1954 drangen die von US-Agenten ausgebildeten und bewaffneten Banden unter Leitung des Obersten Armas von Honduras aus auf Guatemala vor. Ein inszenierter Militärputsch führte am 27. Juni 1954 zum Sturz des Präsidenten Arbenz Guzmann. Er trat zurück und suchte Zuflucht in der mexikanischen Botschaft.

Che war Zeuge einer von den USA geführten Konterrevolution geworden. Um so mehr sah er sich in der Pflicht und rief dazu auf, den bewaffneten Widerstand zu organisieren und eine Volkswehr aufzubauen. Doch seine Bemühungen fanden bei den höheren Offizieren Guatemalas kein Gehör.

Che schloß sich den Luftabwehrtruppen der Stadt San José an und leistete Wachdienste inmitten von Bränden und Bombeneinschlägen. Wegen seines Engagements geriet er natürlich ins Blickfeld der CIA. Che wurde in deren Akten als »gefährlicher Kommunist« geführt. Er stand mit auf der Liste von Kämpfern, die nach dem Sturz von Arbenz Guzmann verhaftet und getötet werden sollten.

Der argentinische Botschafter bekam davon Kenntnis. Er warnte Che vor der Gefahr und bot Asyl in der Botschaft an, was Che und andere, darunter Kubaner, annahmen.

Die Ereignisse in Guatemala hinterließen bei Che neue Überzeugungen. Am 19. August 1960, also etwa sechs Jahre nach diesen Ereignissen, sprach Che in Havanna vor kubanischen Milizsoldaten. Er faßte seine Erkenntnisse aus den Tagen in Guatemala in den Worten zusammen: »Damals begann ich zu erkennen, daß es etwas gab, was mir fast so wichtig war, wie ein berühmter Wissenschaftler zu werden oder entscheidend zur medizinischen Forschung beizutragen: Ich wollte diesen Menschen helfen.« Und weiter sagt Che: »Ich begriff etwas Grundlegendes... Der revolutionäre Eifer eines einzelnen ist trotz allem Idealismus sinnlos, und der Wunsch, ein ganzes Leben hohen Idealen zu opfern, hat keinen Zweck, wenn man alleine arbeitet, abseits in irgendeinem Winkel Amerikas, befehdet von feindlichen Regierungen, im Kampf gegen soziale Bedingungen, die jeden Fortschritt verhindern...«

Mit Hilfe des argentinischen Botschafters setzte sich Che nach Mexiko ab. Es war September 1954. Er faßte dort Fuß, fand Kontakt zu vielen Sympathisanten bzw. links eingestellten Lateinamerikanern.

Seinen Lebensunterhalt verdiente er sich anfangs als Fotograf. Später gelang es ihm, im Hauptklinikum von Mexico City als Facharzt für allergische Krankheiten eine Anstellung zu finden.

Juli 1955: Ein Datum, das tiefe Veränderungen im Leben von Che nach sich zog. Che traf sich in Mexiko zum ersten Mal mit Fidel Castro, nachdem bereits vorher Begegnungen mit Raul Castro und Raul Roa, dem späteren Außenminister Kubas, stattgefunden hatten.

Es begann die Zeit der Vorbereitung für die Landung auf Kuba und zum Sturz der Batista-Diktatur. Doch als die Vorbereitungen fast abgeschlossen waren, wurden Che, Fidel Castro und weitere Mitglieder der Gruppe vom mexikanischen Geheimdienst verhaftet. Dank einer breiten Protestwelle von Künstlern, Politikern und anderen Persönlichkeiten des öffentlichen Lebens kamen die Inhaftierten bald wieder frei.

Che hatte von nun an sein Leben in den Dienst der kubanischen Revolution gestellt. Er schrieb an seine Familie: »Über die mittelbare Zukunft kann ich nur sagen, daß sie mit der kubanischen Revolution verknüpft sein wird. Entweder werde ich mit ihr siegen, oder ich sterbe dort.«

Nach der Entlassung aus dem Gefängnis trieb die Gruppe um Fidel Castro ihre Landung auf Kuba energisch voran. Fidel kaufte für 12.000 Dollar die legendäre Jacht »Granma«, auf der eigentlich nur zwölf Menschen Platz hatten, die aber mit mehr als achtzig Revolutionären an Bord nach Kuba übersetzen sollte.

Obwohl wegen des schlechten Wetters das Auslaufen von Schiffen streng verboten war, stach die »Granma« am 25. November 1956 vom mexikanischen Hafen Tuxpan in Richtung Kuba in See. Die Überfahrt und die Tage auf Kuba gestalteten sich dramatisch. Augenzeugen, Biographen und Historiker haben schon viel darüber geschrieben. Auch Che hat diese Ereignisse schriftlich festgehalten. In seinem Buch »Episoden aus dem Revolutionskrieg« berichtet er, daß die Landung für den 30. des gleichen Monats in der Nähe von Santiago geplant war. Der dort ansässige Revolutionär Frank Pais hatte für diesen Tag einen Aufstand in Santiago ausgelöst. Doch das schlechte Wetter brachte es mit sich, daß sich die Granma verspätete und erst am Tage des 1. Dezember 1956 in der Nähe des Ortes Belic am Strande von Las Colorades landen konnte.

Kurz nach der Landung wurde die Gruppe von Feinden entdeckt und unter Beschuß genommen. Che zog sich mit einer Truppe in die Sümpfe zurück. Sieben Tage Hunger und Seekrankheit auf der Überfahrt, dazu mehrere Tage in den Sümpfen an Land hatten die Männer völlig entkräftet.

In dieser Lage sind die Männer um Che am 5. Dezember 1956 von Batista-Soldaten angegriffen und bereits im ersten Gefecht aufgerieben worden. Mit großen Verlusten mußten sie sich zurückziehen. Nur fünf Kämpfer, darunter Che, überlebten, 20 Mann kamen in Gefangenschaft, wurden gefoltert und erschossen. Che wurde von Schüssen an Hals und Brust verwundet.

Fidel entschloß sich, angesichts dieser Situation in die Berge der Sierra Maestra zu gehen und von dort den Partisanenkampf zu beginnen. Keiner der Kämpfer, auch nicht Fidel Castro, noch weniger Che, kannten die Sierra Maestra.

Hier in der Sierra Maestra ging es darum, die Truppe zu reorganisieren, zu bewaffnen und auszubilden. Die Gruppe um Fidel Castro hatte erheblichen Zulauf von Bauern und Freiwilligen aus den nahegelegenen Städten. Kaum jemand von denen, die vor den Grausamkeiten Batistas geflohen waren, verfügte über die nötigen Erfahrungen für die Kämpfe mit der Armee. Hinzu kam, daß nicht alle

Bauern die politischen Ziele dieser Revolution erkannten. Die meisten waren Analphabeten, zudem noch sehr abergläubisch. Viele vertrauten den dörflichen Predigern und hielten die Revolution anfangs für Teufelszeug.

Die einfachen Menschen in den Städten und auf dem Land brachten Che große Hochachtung entgegen. Er konnte Vertrauen herstellen und überzeugte durch seine Bescheidenheit, seinen Mut und durch Hilfsbereitschaft. Che lebte das Leben vor, das er den Kämpfern abverlangte.

Fidel Castro, der Che wie kein anderer kannte und mit ihm verbunden war, würdigte Che als »einen der am meisten geliebten und zweifellos den außergewöhnlichsten Gefährten« der kubanischen Revolution, »der von Haß und Verachtung dem Imperialismus gegenüber durchdrungen«, gewesen war. Und zu den hervorragenden Charaktereigenschaften Che's zählte Fidel Castro den großen Mut, sich sofort schwierigen und gefährlichen Aufgaben zu stellen, Uneigennützigkeit und übermäßige Kampfbereitschaft.

Die Umstände ließen Che aber nie vergessen, daß es um grundlegende soziale Veränderungen ging. Das Elend der Bergbauern, Hunger und Krankheit erinnerten ihn täglich an diese Aufgabe.

Im Juni 1957 erhielt Che den Dienstgrad »Comandante«. Es war der höchste Dienstgrad in der Armee der Aufständischen. Zugleich wurde Che zum Kommandeur der zweiten Kolonne ernannt. Damit unterstanden Che 75 Mann. Die erste Kolonne führte Fidel selbst.

Ende des Jahres 1957 war die militärische Lage für die Partisanen überschaubar und gefestigt. Es trat eine »Pause« in den Kampfhandlungen ein, die Che zum Anlaß nahm, im Hinterland die politische Arbeit zu intensivieren. Dazu gehörte die Gründung einer eigenen Zeitung, die »El Cubano Libre«, und eines Rundfunksenders. Che organisierte Sanitätsstellen, Feldlazarette, Waffenmeistereien und auch Werkstätten zur Herstellung von Schuhen, Rucksäcken, Patronentaschen und Soldatenmützen. Auch der Aufkauf von Lebensmitteln mußte neu organisiert werden.

Besonders wichtig waren Che zu jeder Zeit die engen Verbindungen zu den Einwohnern der Städte und Siedlungen. Für Che war die Mitarbeit der Bevölkerung von großer Bedeutung. Die Bauern und Landarbeiter gaben den Kämpfern alle erdenklichen Informationen über Truppenbewegungen der Batista-Soldaten. Jeder »Unbekannte«, der in den Bergen erschien, wurde gemeldet, und manch einer konnte dann als gefährlicher Spion entlarvt werden.

Die Kämpfe gegen Batista gingen siegreich voran. In der zweiten Hälfte 1958 waren Anzeichen des Zusammenbruchs des Batista-Regimes unübersehbar. Die politische und militärische Lage der Aufständischen war stark und gefestigt.

Später wurde Che die Führung der achten Kolonne übertragen, die noch viele Prüfungen zu bestehen hatte. Am 21. August 1958 erhielt Che die Aufgabe, mit einer Kolonne von Aufständischen aus der Sierra Maestra in die Provinz Las Villas vorzustoßen. Che's Kolonne sollte also die in der Mitte Kubas liegende Provinz Las Villas mit der Hauptstadt Santa Clara einnehmen. In der zweiten Dezemberhälfte begann Che mit der Offensive gegen die Stützpunkte des Gegners. Die Garnisonen der Städte Formento, Cabaiguán, Sancti Spiritus, Remedios, Camajuani wurden eingenommen, die Soldaten entwaffnet und nach Hause geschickt. Am 1. Januar 1959 gegen 14 Uhr war Santa Clara in der Hand der Aufständischen. Mittlerweile hatte sich Batista abgesetzt.

Am 2. Januar 1959 setzte sich die 8. Kolonne unter Che's Führung nach Havanna in Marsch. Der Befehl Fidel Castros lautete, die »Cabana«, die Festung an der Hafeneinfahrt einzunehmen.

Der Sieg dieser ungewöhnlichen Revolution schien perfekt. Aber was ist nach einem solchen militärischen Erfolg in Lateinamerika schon perfekt? Die »Besiegten« versuchten, durch List, durch Unruhen, begleitet von Plünderungen, die Verhältnisse im Land zu ihren Gunsten zu verändern. Vor allem aber warteten sie auf Hilfe aus den USA. Warum kam diese Hilfe aus den USA nicht? Warum organisierte die CIA keine Konterrevolution wie einst in Guatemala?

Das ist einfach zu erklären: Die »Kuba-Spezialisten« in den USA ließen sich in der Beurteilung der Lage in Kuba davon leiten, daß sich Fidel Castro den USA unterordnen werde. Schließlich habe er lange in den USA gelebt, dort studiert und Baseball gespielt. Folglich – so jedenfalls die US-Analysten – könne man sich im Falle eines Sieges von Fidel Castro mit ihm und den anderen der Gruppe arrangieren. Daß diese Herren im Weißen Haus zu dieser Einschätzung kommen mußten, war auch dem Vorgehen der Revolutionäre um Fidel geschuldet. Sie gaben den USA keinen Vorwand für ein militärisches Eingreifen. So vermied man z.B. die Reizworte »Sozialismus« oder »Kommunismus«.

Was nun folgte, ist schnell erzählt. Fidel Castro zog am 5. Januar 1959 in Havanna ein und übernahm am 15. Februar 1959 das Amt des Ministerpräsidenten. In den Provinzen hatte man die Batista-Treuen abgelöst. Auch in den entfernten Regionen lag die Macht längst in den Händen der Befreiungskämpfer.

Che war zum Kommandanten von »La Cabana« ernannt worden. Hier tagten die Revolutionstribunale. Zugleich wurde ihm die Hauptverantwortung für die Agrarreform übertragen.

In diesen unruhigen Zeiten nahm Ernesto Guevara den Namen »Che« an und ersetzte den Dr. durch Comandante. Nach dem Dominikaner Máximo Gómez, Oberbefehlshaber im Unabhängigkeitskrieg Kubas, erhielt Che als zweiter Ausländer die kubanische Staatsbürgerschaft.

Auch international war Che engagiert. Im Juli 1959 begab sich Che als Sonderbotschafter nach Afrika und Asien. Seine Stationen waren Ägypten, Sudan, Marokko, Indien, Pakistan, Burma, Ceylon und Indonesien. Mit dieser Reise wollte er die internationale Stellung Kubas festigen, um damit zugleich einer Isolierung bzw. Bevormundung durch die USA entgegenwirken zu können.

Im Oktober 1959 wurde Che zum Leiter der Industrieabteilung der INRA ernannt unter Beibehaltung seiner militärischen Funktionen. Schon Ende 1959 wurde Che zum Präsidenten der Nationalbank Kubas berufen mit der Vollmacht eines Finanzministers.

In diesem Zusammenhang erzählte Che gern diese Anekdote: »Eines Tages rief Fidel seine Comandantes zusammen und fragte: Wer von euch ist Ökonom? Ich hob die Hand. Fidel wunderte sich. Seit wann bist du Ökonom?« Da soll Che geantwortet haben: »Da habe ich mich wohl verhört. Ich dachte, du hättest gefragt, wer Kommunist sei? Da habe ich Ja gesagt«. So wurde er Direktor der Nationalbank.

Am 23. Februar 1961 wurde Che zum Minister für Industrie berufen. Gleichzeitig leitete er die Abteilung Ausbildung des Ministeriums der Streitkräfte. Che wurde Industrieminister, als die USA, die die diplomatischen Beziehungen am 2. Januar 1961 abgebrochen hatten, gewaltsam versuchten, im April 1961 mit der Landung von Söldnern in der »Schweinebucht« einen militärischen Umsturz zu erreichen. Und wieder handelten sich die USA eine Niederlage ein, denn dieser Versuch scheiterte kläglich.

Wie bereits schon ausgeführt, habe ich Che nur wenige Monate danach, im Herbst 1961, persönlich kennen gelernt.

Jetzt war ich dabei, mich zu meinem ersten Besuch bei Che zu rüsten.

Der Besuch bei Che

Der Handelsrat, Walter Klein, wurde kurzfristig zu Che Guevara gebeten. Eine Angelegenheit, die niemand von uns auf die leichte Schulter nahm, ob in der Handelsvertretung oder in der Mission. Zu Che kommen zu können, war in dem täglichen »Allerlei« für jeden ein außergewöhnliches Ereignis.

Eines Morgens bestellte mich der Handelsrat zu sich. Er sagte nur: »Günther, ich habe heute einen Termin beim Industrieminister, bei Che Guevara. Du wirst mich begleiten. Richte dich aber auf eine lange Nacht ein. Der Termin ist nämlich erst nachts um zwei Uhr.«

Ich hörte noch, wie er weiter sagte, daß er die Absicht habe, mich Genossen Che Guevara vorzustellen und daß ein sehr schwieriges Problem zu verhandeln wäre, worüber er mich aber im Laufe des Tages noch informieren würde. Ich könne ja die Zeit bis zur Abfahrt nutzen, um mich auf das Gespräch vorzubereiten.

Ich bedankte mich bei Walter Klein für die einmalige

Chance, Che Guevara persönlich kennen zu lernen, diesen außergewöhnlichen Mann des 20. Jahrhunderts.

Ich ging in mein Büro und beschäftigte mich mit diesem und jenem, aber sehr konzentriert war ich nicht.

Ich spürte in mir eine so große Spannung, wie ich sie bei solchen Anlässen von mir nicht gewohnt war. Nur unter großer Kraftanstrengung war es mir möglich, mich auf meine Lektüre zu konzentrieren. Alle Gedanken waren schon bei dem Treffen mit Che.

Der Abend brach herein und bald die Nacht. Gegen ein Uhr holte mich der Handelsrat mit seinem Auto ab, und wir fuhren direkt ins Industrieministerium, dem Sitz von Che. Die Straßen Havannas waren noch voller Menschen. Und wie immer wurde voller Lebensfreude gesungen und getanzt. In dieser Nacht nahm ich davon nur wenig auf.

Was nun meine Aufgabe während des Gespräches mit Che sein sollte, teilte mir der Handelsrat auf der Fahrt ins Ministerium mit. »Wir haben bei Che ein äußerst schwieriges Problem zu lösen«, sagte der Handelsrat. »Die Kubaner nämlich haben bei uns nachgefragt, ob die DDR hier auf Kuba eine Werft errichten könnte, auf der Schiffe bis zu 10 000 Bruttoregistertonnen gebaut werden können.«

Der Handelsrat Klein hatte nun von zu Hause den Auftrag, dem kubanischen Industriemister Che Guevara mitzuteilen, daß die DDR kein Angebot für den Bau dieser Werft unterbreiten wird.

Was waren unsere Argumente? Aus unserer Sicht und nach allen Erfahrungen der Experten in der DDR war die Idee Kubas, eine Werft dieser Größenordnung bauen zu wollen, völlig unrealistisch. Kuba besaß keine Voraussetzungen für den Bau von Frachtern mit 10 000 Bruttoregistertonnen. Es fehlte eigentlich alles. Um nur einige Beispiele zu nennen: Schiffsbleche dieser Größenordnung gab es nicht und konnten in Kuba nicht hergestellt werden, die Produktion für die Antriebstechnik oder die Pumpen war nicht vorhanden. Das Land hätte alles für teures Geld importieren müssen. Ein Preis, der für das junge Kuba nicht zu verkraften gewesen wäre.

Wir wollten alternativ der kubanischen Seite vorschlagen, an Stelle der Werft gleich fertige Frachter aus der DDR zu importieren. Das wäre wesentlich billiger als die eigene Produktion.

»Ich kann unseren Standpunkt nicht darlegen«, meinte Walter Klein. Er argumentierte, daß das bei seinem Diplomatenstatus nicht angebracht sei. Und überhaupt, es wäre für mich doch ein guter Einstieg bei Che.

Was er mir jedoch wissentlich verschwieg, war: Er wollte den Standpunkt der DDR nicht begründen, denn er fürchtete die Reaktion von Che. So war eigentlich vorprogrammiert, daß mein erster Besuch bei Che mein letzter gewesen sein könnte.

Wir kamen rechtzeitig im Industrieministerium an und begaben uns zum Einlaß. Die kubanischen Milizionäre erfüllten ihre Aufgabe wie immer gewissenhaft. Ich bekam davon allerdings nur wenig mit. Das Büro von Che befand sich im obersten Stockwerk. Wir nahmen den Fahrstuhl. Uns nahm ein Adjudant in Empfang und führte uns direkt in die Arbeitsräume des Industrieministers Che Guevara.

Als wir das Zimmer betraten, hatten wir einen herrlichen Blick über das nächtliche Havanna. Es brauchte ein Weilchen, ehe ich mich von diesem Panorama abwenden konnte. Che ließ mir die Zeit. Er saß er an seinem Schreibtisch und schien noch etwas Unaufschiebbares zu unterschreiben.

Meine Augen tasteten den Raum ab. Das Büro war groß. Die Einrichtung war schlicht. An der Seite stand Che's Schreibtisch. Er war einfach und zweckmäßig. Eben nicht wie jene Tische, die ihren Benutzern allein durch Größe und Ausstattung ein Gefühl der Macht verleihen sollen. Direkt am Schreibtisch stand ein Beratungstisch für etwa 10 bis 12 Personen. Hinter dem Schreibtisch befand sich ein Bücherregal, voll mit Werken der verschiedensten Fachgebiete. Die Wände waren fast kahl, nur einige Bilder mit kubanischen Landschaftsmotiven ließen die Liebe Che's für diese Insel vermuten.

Für Gespräche mit Besuchern war da noch eine kleine Sitzecke. Als wir das Büro betraten, forderte Che uns durch eine Handbewegung auf, dort Platz zu nehmen. Nach wenigen Minuten setzte er sich zu uns, begrüßte uns herzlich und drückte Walter Klein und mir fest die Hand. Die Atmosphäre war von Anfang an vertrauensvoll, der Ton zuvorkommend. Meine erste Begegnung, aber natürlich auch alle weiteren, empfand ich als sehr spannend und anstrengend zugleich. Man mußte zu jedem Zeitpunkt hellwach sein. Nichts verachtete er in Gesprächen mehr, als stupides, oberflächliches Gerede, verbunden mit gedankenlosem Dogmatismus.

Dieses Gespräch begann wie meist bei solchen Anlässen mit einem Gedankenaustausch über aktuelle internationale Entwicklungen, im speziellen aber über die Verschärfung des Konflikts zwischen Kuba und den USA. Wegen meiner schlechten Spanischkenntnisse verstand ich bei weitem nicht alles.

Doch ich merkte, daß Che das Thema wechselte und sich teilweise sehr erregt mit dem wachsenden Bürokratismus in Kuba auseinandersetzte. Worum es dabei ging, verstand ich erst Monate später, als sich mein Blick für das Leben in Kuba geschärft hatte und ich vor allem besser Spanisch sprach. Che's Kritik an dem entstehenden Bürokratismus in Kuba hatte einen realen Hintergrund. So gab es für zentrale Beschlüsse keine Durchführungsbestimmungen. Jeder setzte sie so um, wie er es gerade für richtig hielt. Zu allem Überfluß war in den Verwaltungen, Einrichtungen und Betrieben eine regelrechte Versammlungsflut entstanden. Täglich, ja fast stündlich traf man sich zu endlosen Beratungen, in denen z.B. Führungskräfte gewählt wurden, um sie eine Woche später wieder abzusetzen.

Che erkannte, daß darin eine ernste Gefahr für das Land bestand, daß viel Zeit und Kraft verpufften, die dringend für den Aufbau des Landes gebraucht wurden.

Jetzt war ich mit dem Thema »Bau einer Werft auf Kuba« dran. Es war bereits 3 Uhr morgens. Ich war voll konzentriert und spürte keinerlei Schwäche. Ich sprach deutsch, und der Handelsrat Walter Klein übersetzte. Bei meinen Ausführungen war ich bemüht, den Standpunkt der DDR äußerst diplomatisch darzulegen und zu begründen. Walter Klein hat sicher noch diplomatischer übersetzt. Die spanische Sprache hat dafür viele Nuancen.

Che hörte angespannt zu. Seine dunklen Augen waren fest auf mich gerichtet, so, als wollte er jeden Gedanken schon vorher lesen. Auf seinem Gesicht war die Anspannung zu sehen, die ihn offensichtlich ganz erfaßt hatte.

Als ich meine Ausführungen beendet hatte, war eine tiefe Stille im Raum. Che mußte auch eine Pause einlegen und wegen seines starken Asthmas inhalieren. Und ich hatte so einige Minuten gewonnen, um mich ein wenig zu sammeln.

Dann sagte er etwas spöttisch, aber sichtlich enttäuscht: »Das Vertrauen der DDR in das kubanische Volk ist nicht besonders groß!« Wir würden die verheerenden Auswirkungen unserer Entscheidung nicht erkennen. Er, Che, denke bei dem Bau der Werft nicht nur an Kuba, sondern weit darüber hinaus. Diese Werft habe für ihn strategische Bedeutung. Woran Che in dieser Situation gedacht hat, war Walter Klein und mir klar. Er hatte sicher die Vision von einer Revolution in ganz Lateinamerika vor Augen und sah den Bau der Werft in dieser Dimension.

Danach hat uns Che kurzerhand, aber nicht unfreundlich, entlassen.

Wieder allein, fragte ich Walter Klein, was das wohl für Auswirkungen haben würde? Er zog die Schultern hoch und meinte: » Ich rechne damit, daß die kubanische Seite uns wegen der Werft nicht mehr ansprechen wird.« Er hat Recht behalten. Che kam nie wieder auf dieses Thema zu sprechen.

Der Morgen begann schon über dem Atlantik zu dämmern. Wir bestiegen unser Auto und fuhren ins »Rio Mar«, wo wir so gegen 4:30 Uhr ankamen.

Beschluß zur Rationierung aller Konsumgüter

Ich hatte schon erwähnt, daß im September 1961 die Versorgungslage stabil war. Die Geschäfte waren voll. Es fehlte an nichts.

Um so mehr traf uns die Entscheidung der kubanischen Regierung, alle Konsumgüter zu rationieren. Über Nacht waren die Geschäfte wie leer gefegt und teilweise sogar geräumt. Zucker, Obst, Gemüse, Tabak, Fleisch, Kleidung, Schuhe – nichts von dem, was noch vor Stunden in den Regalen lag, war noch im freien Handel zu bekommen.

Was war geschehen? Warum diese einschneidende Maßnahme?

Die Ursachen sind vor allem in der damaligen Außenhandelsstruktur Kubas zu suchen. Vor der Revolution war das Im- und Exportgeschäft Kubas völlig in der Hand der USA. Die kaufkräftige Nachfrage Kubas wurde fast zu 100 Prozent mit amerikanischen Konsumgütern abgedeckt. Von der Kleidung, über technische Güter wie Kühlschränke, Fernseher, Autos, bis zu einem Großteil des Lebensmittelsortiments wurde alles aus den USA importiert.

Die Schwierigkeiten, die das Land jetzt überrollten, begannen mit der Wirtschaftsblockade der USA vom 3. Februar 1962. Kuba war zwar ein souveräner Staat, aber wirtschaftlich derart abhängig von den USA, daß die geringsten Handelsbeschränkungen, wie das Aussetzen der amerikanischen Zuckerimporte, verheerende Auswirkungen für das Land nach sich ziehen mußten. Der Teufelskreis hatte sich geschlossen: Wegen der Verweigerung der Zukkerkäufe durch die USA versiegten für Kuba die Finanzquellen. Die noch vorhandenen Mittel reichten bei weitem nicht mehr aus, um im Land den gewachsenen Bedarf an Konsumgütern umfassend zu decken.

Die kubanische Wirtschaft konnte diese Lücke nicht annähernd schließen. Die USA hatten aus Kuba längst eine moderne Kolonie gemacht. Die auf der Insel befindlichen Industrieanlagen gehörten den amerikanischen Großunternehmen. Sie versorgten diese Anlagen mit Fachpersonal, Rohstoffen und Ersatzteilen. Diese Abhängigkeit in Verbindung mit dem Wirtschaftsboykott der USA führte dann Anfang der 60er Jahre zum Kollaps ganzer Industriezweige.

Das lag im Plan der US-Regierung. Im Weißen Haus ging man davon aus, daß Kuba eine solche Situation nicht überleben könne. Daß die von den USA verfolgte Strategie nicht zum erhofften Ziel führte, hat der Geschichtsverlauf längst bewiesen. Ich habe miterlebt, daß die meisten Kubaner, vor allem die Bauern auf dem Land und die einfachen Mensch in den Städten, es mit ihrer Würde nicht vereinbar sahen, sich dem Druck der USA zu beugen. Die Dankbarkeit und Zuneigung dieser Menschen zu Fidel und zur Revolution stellte alles in den Schatten. Trotz der Rationierungen hatten diese Menschen immer noch mehr Lebensqualität, als sie je zu Batista-Zeiten erlebten.

Vor diesem politischen und wirtschaftlichen Hintergrund mußte die Revolutionsregierung handeln. Es sollte eine gerechte Verteilung der Waren gesichert werden, und trotz der Einschränkungen sollte niemand Hunger leiden. Deshalb entschloß man sich, für die kubanische Bevölkerung Lebensmittelkarten, die Libretas, heraus zu geben.

Die Kubaner bekamen ihre Libretas vom »Komitee zur Verteidigung der Revolution«. Sie konnten sich in ihren

Geschäften anmelden. Dort erhielten sie Nummern, die dann täglich für alle Produkte aufgerufen wurden.

Die Kubaner waren also versorgt. Was würde aber aus uns werden? Wo und wie können wir einkaufen? In der Hoffnung »es wird schon was geschehen, vielleicht gliedert man uns auch in so ein System ein,« warteten wir ab.

Doch nichts geschah. Um es kurz zu machen, die Kubaner hatten die Ausländer in ihrem System einfach vergessen. Das betraf die diplomatischen Vertretungen mit ihren direkten Anhängseln wie Pressekorrespondenten und Berater. Einfach vergessen und keiner wußte, was werden würde. Das war für uns wie ein Schock. Und wie es in solchen Situationen meistens ist, kursierten dann mehr wilde Gerüchte als sachliche Informationen.

Die Polen hatten es besser als wir. Sie bekamen einen Teil ihrer Auslandsvergütung in US-Dollar. Damit konnten sie nach Mexiko fliegen und sich dort mit dem Notwendigsten versorgen bzw. bei einschlägigen Firmen ihre Bestellungen aufgeben. Die Ungarn folgten diesem Beispiel.

Und wir? Wir hatten keine Dollar, sondern nur den kubanischen Peso. Und der war nicht mehr konvertibel und deshalb für Einkäufe nicht benutzbar. Wir mußten uns also selber helfen. Dabei teilten wir uns die Last. Die diplomatische Vertretung versuchte, den Verantwortlichen ausfindig zu machen, der uns bei der Rationierungsaktion vergessen hatte. Und die Mitarbeiter des Handels waren bemüht, Quellen zu erschließen, die als Übergang die Familien wenigstens mit dem Nötigsten versorgten. Da wir unsere Energien in den »Überlebenskampf« einbringen mußten, blieb natürlich ein Großteil der Arbeit liegen. Aber dafür wußten wir, wo man frei einkaufen konnte, wo es Ananas und andere Früchte gab, wo man Reis und Eier her organisieren konnte. Doch schwierig war es mit Milch und Fleisch oder Kochbananen und Malanga, alles wichtige Produkte für die Versorgung der Kinder. In dieser Situation entschlossen wir uns, das wenige Bier, was wir besaßen, gegen Nahrungsmittel zu tauschen.

Das ganze war keine Frage von Tagen, es zog sich Wochen hin. Wir hatten uns eingerichtet. In der Organisation von Lebensmitteln waren wir inzwischen etwas erfahrener. Wenn wir auch nicht alles besorgen konnten, so brauchte doch niemand zu hungern.

Das ganze nahm bald eine positive Wende, und unsere Lage besserte sich. Die Kubaner hatten es zu unserer Freude geschafft, die Anzahl der »Diplomaticos« nebst Anhang zu erfassen und die Bestandsaufnahme abzuschließen. Jetzt lief wieder alles wie von selbst. Man übergab den diplomatischen Vertretungen für jeden Mitarbeiter eine Liste, mit der dann einzelne Waren bestellt werden konnten.

Als wir die Liste lasen, waren wir völlig überrascht. Das Kuriose daran war, daß in dieser Liste trotz der enormen Versorgungsengpässe alle Produkte aufgeführt waren, die man sich nur wünschen kann. Aber das war längst nicht alles: Mit dieser Liste konnte jeder die Anzahl seiner Bestellungen selbst bestimmen. Es war jeder Familie überlassen, wieviel Kilogramm eines Produkts, wieviel Büchsen oder Stückzahlen angefordert wurden.

Nach der langen Durststrecke war das wie ein Geschenk des Himmels. Meine Frau und ich haben bis in die Nacht hinein zusammen gesessen und beraten, welche Sortimente und Mengen unsere erste Lebensmittellieferung beinhalten sollte.

So wie wir haben auch alle anderen Ehepaare die Nacht verbracht. Am nächsten Tag war unter uns DDR-Repräsentanten die Lebensmittelbestellung das Top-Thema. Die Frauen diskutierten in der Piscina, unserem Swimming-pool. Doch was die einzelnen in die Bestelliste eingetragen hatten, welches Sortiment und wieviel von jedem Produkt, das blieb ein streng gehütetes Geheimnis. So nahm das Schicksal seinen Lauf, und es kam, wie es kommen mußte. Die Listen wurden eingesammelt und jeder sehnte den Tag der Auslieferung aller Köstlichkeiten herbei.

Und der Tag kam. Wir Männer machten alle unseren Dienst in Havanna. Keiner hatte sich auf Reisen begeben. Natürlich wollten auch wir wissen, was es in den nächsten Tagen schönes zu essen geben würde.

Gegen Mittag fuhren die Kubaner bei uns im Rio Mar mit Autos vor. Die Auslieferung begann. Unsere Frauen sollten alles in Empfang nehmen und nach den jeweiligen Bestellungen die gelieferten Lebensmittel an die einzelnen Familien verteilen. Doch es kam ganz anders. Massen von Nahrungsmitteln wurden entladen. Keine der Frauen kam auf die Idee, das angelieferte Sortiment und die jeweiligen Stückzahlen zu kontrollieren. Es war das reine Chaos.

Meine Frau rief mich im Dienst an. Mit erregter Stimme sagte sie: »Ihr müßt alle sofort nach Hause kommen. Wir sitzen hier vor Bergen von Lebensmitteln und wissen nicht, was wir damit machen sollen.« Ich informierte alle Kollegen über den Anruf meiner Frau. Jeder wollte nun schnell nach Hause, um die Verteilung der Lebensmittel mit in die Hand zu nehmen. Allmählich bekamen wir Ordnung in das ganze Durcheinander, und jeder erhielt, was von ihm angefordert worden war.

Aber als ich mir näher ansah, was die einzelnen Familien auf den Bestellzettel geschrieben hatten, wurde mir schlagartig klar, warum uns die Kubaner mit diesen Massen von Lebensmitteln versorgt haben. Die Mehrheit unserer Landsleute hatte sich bei der Ausfüllung der Bestelliste offensichtlich von »planwirtschaftlichen« Kriterien leiten lassen. Es wurde nach dem Grundsatz gehandelt: »Bestell die doppelte Menge, dann bekommst du wenigstens die Hälfte.« Dieses Schema hätte vielleicht in der DDR gestimmt. Hier in Kuba lag man damit völlig daneben. Die Kubaner haben nämlich alles geliefert, was mit unseren Wunschlisten angefordert worden ist.

Angesichts der großen Versorgungsengpässe im Land ging es mir in dieser Situation wie den meisten meiner Kollegen. Wir fühlten uns wahrlich nicht sehr wohl und schämten uns. Nun standen wir vor einem Berg von Lebensmitteln. Keiner wußte so recht, wo wir all diese Eßwaren lagern sollten? Die Kühlschränke waren übervoll und so manches mußte noch verstaut werden. Einige suchten den Nachbarn auf und fragten: »Könnt Ihr noch was gebrauchen?« Mein Kollege Heinz Krähe hatte viel zu viele Hühner bestellt. Nun rannte er im Rio Mar vom 10. Stock bis in die unteren Etagen und bot an jeder Wohnungstür seine Hühner an.

Die folgenden Wochen und Monate brachten es mit sich, daß in Kuba die Versorgungslage immer angespannter wurde. Die Auswirkungen dieser Entwicklung bekamen auch wir deutlich zu spüren. Denn bei den nächsten Lieferungen brachte man uns entweder nur noch die Hälfte der bestellten Menge oder ganze Sortimente waren überhaupt nicht verfügbar.

Also mußten wir uns wieder in Bewegung setzen und neue Versorgungsquellen erschließen. Wir suchten Hilfe in der Heimat und organisierten über das DDR-Außenministerium einen Weg. Damals fuhren ständig Frachtschiffe mit Kühlräumen ausgestattet im Linienverkehr von Rostock via Havanna und zu anderen kubanischen Häfen. Warum sollten wir in Kuba auf »Schmalkost« leben, wenn uns aus der Heimat Hilfe gegeben werden könnte? Wir stellten den Antrag und nach kurzer Zeit bekam die Deutsche Seerederei den Auftrag, Nahrungsmittel für uns DDR-Bürger nach Havanna zu transportieren.

Aber wie das so ist, gut Ding braucht Weile. So mußten wir uns über sechs Monate gedulden, ehe die ersten Lieferungen in Havanna eintrafen. Unsere Freude war geteilt, hatten wir doch gehofft, neben den Büchsen und Gläsern auch etwas »Frischware« zu erhalten. Wir nahmen die Sendung in Empfang und fuhren ins Rio Mar.

Bau einer Schokoladenfabrik in Baracoa

Es war April 1962. Seit unserer Ankunft auf Kuba waren die ersten sieben Monate ins Land gegangen. Meine Frau und ich hatten uns gut eingelebt, und ich besaß in der Zwischenzeit über das Arbeitsgebiet einen detaillierten Überblick. Mein Amtsvorgänger hatte mit der kubanischen Seite eine ganze Reihe von Projekten besprochen, die nun von mir auf das Niveau von konkreten Vertragsabschlüssen gebracht werden sollten.

Dazu gehörte ein bedeutsames Projekt. Die DDR hatte sich vertraglich verpflichtet, an Kuba eine »Planta de cacao«, eine Schokoladenfabrik, zu liefern. Als Standort dieser Planta de cacao hatten die Kubaner die Stadt Baracoa festgelegt. Das fand insbesondere bei den Menschen der Region Oriente ein großes positives Echo. Denn Baracoa, die älteste Stadt des Landes, am östlichen Zipfel der Insel gelegen, damals in der Provinz Oriente, war bei der Industrialisierung bisher immer vergessen worden.

Im Hintergrund der Stadt liegt der El Yunque, der »Amboß«, ein Hochgebirge, das sich weitläufig durch das Land zieht. Baracoa selbst liegt auf einem Gebirgsvorsprung, der von zwei Buchten umgeben ist, um die sich der Regenwald ausbreitet.

Angesichts dieser unwegsamen Lage konnte sich im Gebiet um Baracoa keine Wirtschaft entwickeln. Es gab dort – wie schon erwähnt – keine Industrie, keine Fabrikanlagen oder sonstige Produktionsstätten. In dieser Region wurden und werden hauptsächlich Kaffee und Kakao angebaut.

Deshalb wurde auch Baracoa als Standort für unsere Schokoladenfabrik, die Planta de cacao, gewählt. Das Ausgangsprodukt für die Herstellung von Schokolade konnte man sozusagen »vor der Haustür« ernten. Für den Standort nachteilig war die schlechte Verkehrsanbindung der Stadt. Baracoa war für den Güterverkehr fast nur auf dem Seeweg zu erreichen.

Diese Lücke wurde erst durch die Regierung unter Präsidentschaft von Fidel Castro geschlossen. Sie hat im Jahre 1960 den Aus- und Neubau der Gebirgsstraße »La Farola« veranlaßt, die von Santiago de Cuba nach Baracoa führt.

Die Stadt hat eine große Geschichte. Hier hielt sich Kolumbus auf, als er die Nordküste Kubas erkundete. Und der spanische Eroberer Diego Velàzquez erklärte Baracoa bereits 1512 zur Hauptstadt des Landes. Er gab ihr den Namen Nuestra Señora de la Asunción. Heute trägt sie wieder ihren indianischen Namen Baracoa.

Baracoa war einst eine blühende Hafenstadt. Doch mit der Zeit verließen die Spanier die Stadt, da die Südküste mehr und mehr ihr Interesse fand. Damit wurde der Weg für Schmuggler und Piraten frei. Aufgrund der geographischen Gegebenheiten war die Stadt ein idealer Sammelplatz für allerlei Gesindel.

Im 19. Jahrhundert, während der Unabhängigkeitskriege, war Baracoa Schauplatz schwerer Kämpfe. Baracoa blieb für lange Zeit ein Ort sozialer Unruhen und Auseinandersetzungen. Erst mit der Revolution im Jahre 1959 kam die Stadt allmählich zur Ruhe.

Baracoa sollte nun mit Unterstützung der DDR zum ersten Mal in ihrer Geschichte eine Fabrikanlage bekommen. Immerhin würden hier bei Fertigstellung im Einschichtbetrieb über 80 Beschäftigte Lohn und Brot finden. Nach den Planungen sollten täglich auf dieser Anlage in acht Stunden Arbeitszeit rund 4000 kg Tafelschokolade vom Typ »Blockschokolade« produziert werden. Die Technologie

Ankunft auf dem »Flughafen« Baracoa 1962.

Ankunft auf dem Flughafen Baracoa 2000.

der Anlage war für eine Gesamtproduktion von 2000 t Endprodukte ausgelegt.

Wie bei solchen Kooperationen üblich, gab es fest vereinbarte Verantwortlichkeiten der beiden Vertragspartner.

Die Republik Kuba war für die Errichtung der gesamten Infrastruktur, der baulichen Hülle der Fabrik, also des Bauwerks zuständig. Das betraf z.B. die Fundamente für die Maschinen und die Zuführung von Energie und Wasser.

Die DDR hatte die Aufgabe übernommen, die Fabrik mit allen erforderlichen technischen Anlagen auszurüsten. Der Vertrag sah vor, daß wir die komplette technologische Linie, von der Annahme der Kakaobohnen in der Fabrik, ihre Verarbeitung bis zur Fertigstellung der Schokoladentafeln, einschließlich der Verpackungsanlagen liefern, montieren und übergeben. Die Anlage konnte noch mehr. Sie verfügte über alle technologischen Voraussetzungen, um Kakaopulver zu produzieren und Kakaobutter als Endprodukt herzustellen.

Die technische Anlage war wichtig, doch wer sollte sie bedienen? Wie würde es mit der Leitung des Unternehmens werden? Wir hatten ein großes Interesse daran, daß die Kubaner die Produktion von Schokolade so schnell wie möglich in die eigenen Hände nehmen. Für die DDR war es schlicht eine Geste der Solidarität, Kubaner mit allem notwendigen Fachwissen auszurüsten.

So konnten sich 1962/63 in den Schokoladenfabriken Halle und Saalfeld drei Kubaner auf die Übernahme von Führungsaufgaben in Baracoa vorbereiten. Nach den Absprachen mit den kubanischen Partnern wurden sie als Betriebsleiter, Leiter Produktion oder Leiter Instandhaltung ausgebildet.

Meine Aufgabe als Außenhändler bestand darin sicherzustellen, daß wir die Produktionsanlagen zum vertraglich vereinbarten Termin an die Kubaner übergeben würden.

Das war für mich eine gewaltige Herausforderung. Versäumnisse und Mängel konnten wir uns nicht leisten, zumal seitens der Kubaner Che Guevara persönlich die Kontrolle übernommen hatte und auf die exakte Vertragseinhaltung drängte.

Die Übergabe der Fabrik an die Kubaner und der Beginn der Produktion von Schokolade war für den April 1963 vereinbart. Die Zeit drängte also. Wir konnten uns keine Verzögerungen leisten. Daraus wären für uns enorme Kosten entstanden. Wurden Verträge nicht eingehalten, dann blieben die Mitarbeiter des kubanischen Außenhandels hart. Sie versuchten, aus jeder Situation Vorteil für ihr Land zu ziehen.

Über den Stand der Bauarbeiten besaßen wir zu diesem Zeitpunkt nur geringe Informationen. Ich war sehr unruhig. Wie ist der Stand der Bauarbeiten? Wie sind die Bedingungen für die Monteure aus der DDR, die dann die Fabrik zum Laufen bringen sollten? Diese Fragen ließen mich einfach nicht zur Ruhe kommen. Deshalb machte ich mich im Sommer 1962 auf den Weg nach Baracoa.

Meine Reiseroute führte mich von Havanna über Santiago de Cuba nach Baracoa. Was mir auf diesem Weg so alles bevorstand, hatte ich mir bei meinem Abflug aus Havanna nie träumen lassen.

Der Flug von Havanna nach Santiago war angenehm ruhig. Alles verlief nach Plan. Wir landeten pünktlich in Santiago. Wie verabredet, wurde ich am Flughafen von einem kubanischen Ingenieur in Empfang genommen. Wir stiegen in seinen Jeep. Die Fahrt ging über 241 km von Santiago de Cuba über Guantanamo nach Baracoa.

Von Santiago de Cuba fuhren wir direkt nach Guantanamo. Die Straße war gut, und wir kamen zügig voran. Je mehr wir uns Guantanamo näherten, um so nachdenklicher wurde ich. Die militärische Präsens der USA in der Bucht von Guantanamo kam mir wie ein Irrtum der Geschichte vor. Warum hat man sie nicht einfach verjagt? Warum hat die Regierung unter Fidel nicht die souveränen Rechte des Landes geltend gemacht?

Mein Begleiter versuchte es mir zu erklären. Er sagte: »Wir hätten die USA gern aus Kuba vertrieben. Doch das geht nicht so einfach. Die Amerikaner haben nämlich bereits im Jahre 1903 mit der damaligen Regierung eine Vereinbarung über die Nutzung der Bucht von Guantanamo getroffen. Der Vertrag läuft in den ersten Jahren des neuen Jahrtausend aus. Erst dann wird Kuba seine volle Souveränität erhalten.«

Mit den Jahren haben die Militärs der USA die Bucht von Guantanamo zu einer ihrer wichtigsten und sichersten Militärbasen ausgebaut. Der Stützpunkt ist von der Stadt aus nicht zu sehen und befindet sich noch etliche Kilometer in Richtung Caimanera. Von diesem Militärstützpunkt aus haben die USA viele ihrer berüchtigten Sabotageakte gegen die Republik Kuba gestartet. Es bleibt zu hoffen, daß mit dem Auslaufen des Vertrages die akute Bedrohung Kubas beseitigt ist.

Bald hatten wir auch Guantanamo hinter uns gelassen. Vor uns lag ein breites Hochgebirgsmassiv, das wir auf dem Weg nach Baracoa passieren mußten. Das Gebirge war nur über einen schmalen Pfad zu überwinden, auf dem geradeso ein Auto Platz hatte. Reißende Flüsse stürzten aus dem Massiv in die Tiefe und versperrten uns den Weg.

Mir schossen viele Fragen durch den Kopf: Was würde bei Gegenverkehr passieren? Wo und wie können wir ausweichen? Mein kubanischer Begleiter hatte eine einfache Lösung gefunden. Lautes Hupen kündigte unser Kommen an. Ein Blick aus dem Jeep verriet mir, daß diese Methode nicht immer erfolgreich war. Davon zeugten die vielen Autos, die an den Steilhängen abgestürzt waren und als Wracks nicht gerade Vertrauen erweckten.

Die steilen Berge, die Flußdurchfahrten, der schmale Pfad – das alles hatte eine beklemmende Wirkung auf mich. Ich saß ganz still im Jeep, hielt mich an den Sitzen fest. Der Schweiß lief mir den ganzen Körper herunter, und das sicher nicht nur wegen der Hitze von fast 40° C im Schatten.

Der legendäre Jeep, der den Autor und später die Monteure über Berge, Täler und durch Flüsse nach Baracoa brachte.

Der kubanische Ingenieur schien meinen Zustand zu bemerken. Er wollte mich ablenken und verwies mit einem für Kubaner so typischen Redeschwall auf die schöne Natur. Sein Bemühen war sicher gut gemeint. Es machte die Sache aber nur noch schlimmer. Denn während er erzählte, nahm er jedesmal beide Hände vom Lenkrad und unterstrich gestikulierend die Bedeutung seiner Worte.

Es ging alles gut. Wir erreichten wohlbehalten den höchsten Punkt unserer Fahrt und machten eine Rast. Als ich den Jeep verlassen hatte, traute ich meinen Augen kaum. Vor uns erstreckte sich ein einmaliges Panorama, eine Naturschönheit, die für alles entschädigte: Im Norden der Atlantik und im Süden die Karibik.

Leider hatte ich nicht viel Zeit, um diesen Anblick zu genießen. In unmittelbarer Nähe unseres Rastplatzes befand sich eine kleine Hütte. Die Bewohner, ein älteres Ehepaar, luden uns freundlich ein. Sie bewirteten uns mit Bananen und Cafecito. Wir plauderten ein wenig über die alten und die neuen Zeiten und darüber, wo wir herkamen und wohin uns unser Weg noch führen würde.

Die Zeit zum Aufbruch war gekommen, und ich wollte mich bei den Leuten schuldenfrei machen. Der Mann winkte nur ab und sagte: »Von einem Companero aleman nehmen wir keinen Centavo.« Ich bat sie mit allen meinen Worten, doch getrost die Centavo von mir anzunehmen. Ich sah in ihre Gesichter, die von den tiefen Spuren eines Lebens in Armut und Unterdrückung gezeichnet waren, die jedoch zugleich keinen Zweifel in mir aufkommen ließen, daß beide ihre Menschenwürde nie verloren haben.

Diese Freundlichkeit der Kubaner habe ich überall erfahren. Aber hier in den Bergen, in der Sierra Sadoa Baracoa, brachten die Kubaner uns DDR-Bürgern eine Herzlichkeit entgegen, die nicht mehr zu überbieten war.

Das hatte seinen Grund wohl unter anderem in den Erfahrungen aus dem »Jahr der Alphabetisierung« 1961. Zum Verständnis muß in diesem Zusammenhang erwähnt werden, daß bis in die 60er Jahre hinein fast alle Bergdörfer der Region, aber nicht nur dieser, keinen elektrischen Strom besaßen. Damit entstand für die Bewohner der Dörfer eine kaum lösbare Situation. Am Tage mußten sie zur Arbeit, und am Abend kamen Freiwillige von Schulen und Universitäten, um den Menschen in den ländlichen Regionen Lesen und Schreiben beizubringen. Wie sollte das ohne Licht gehen? In der Karibik bricht sehr schnell die Dunkelheit herein.

In dieser Lage hat die DDR geholfen und dem Land einen großen Posten der »Sturmlaternen Beyerfeld« geliefert. Man hat dann alle »Lehrkräfte« mit solchen Sturmlaternen ausgerüstet, und auch in den Berghütten der Sierra Sadoa Baracoa konnte in den Abendstunden der Unterricht stattfinden.

Ich verließ nachdenklich die Hütte und begab mich wieder zum Jeep. Nach weiteren 25 km waren wir am Ziel. Vor uns lag die Stadt Baracoa. Wir fuhren direkt zur Baustelle der Schokoladenfabrik. Ich suchte mir eine Unterkunft in einer Baracke, wie sie auch den Bauarbeitern zur Verfügung stand. Das Zimmer war sehr spartanisch eingerichtet. Wichtig war für mich: Ich hatte ein Bett, wenn auch sehr schmal, aber ich konnte schlafen. Völlig kaputt legte ich mich ins Bett und fiel in einen tiefen Schlaf.

Doch die so ersehnte Ruhe währte nicht lange. Schon nach wenigen Stunden kamen mehr und mehr Bauleute in mein Zimmer. Man weckte mich so gegen zwei Uhr in der Nacht. Was passiert sei, wollte ich wissen. Aber es bedurfte keiner Erklärungen. Ich hatte bei meiner Erschöpfung nicht gemerkt, daß sich ein schweres Karibik-Gewitter bereits über Stunden an der Sierra festgesetzt hatte. Über Baracoa schüttete es wie aus Eimern.

Durchaus ein gewaltiges Naturschauspiel. Ich hätte es auch gern mit angesehen, wie das Gewitter über dem Lande tobt. Aber das war mir leider nicht vergönnt, denn die Baracke stand schon Land unter. Das Dach war völlig undicht, so daß das Wasser an den Wänden herunter lief. Erst nach Stunden hatten wir unsere Behausung wieder einigermaßen trocken. Ich legte mich ins Bett und versuchte noch etwas Ruhe zu finden.

Am nächsten Tag war die Besichtigung und Inspektion der Bauhülle sowie der Nebenanlagen der Schokoladenfabrik. Ich ließ mir Zeit. Akribisch überprüfte ich an Hand der Baupläne den Baufortschritt.

Man hätte zufrieden sein können, wenn es da nicht ein Problem gegeben hätte. Die Bauleute hatten den Eingang zur Maschinenhalle anhand der Projektierungsunterlagen bereits gebaut und dabei nicht berücksichtigt, daß dies erst nach Aufstellung der Maschinen geschehen sollte. Bei den nun bestehenden Abmessungen des Eingangs hätten wir die Maschinen nicht durch die Tür bekommen. Ich erteilte exakte Auflagen, bis zu welchem Termin der Eingang verändert werden mußte. Dabei ließ ich mich ausschließlich von dem Termin leiten, der in den Verträgen mit den Kubanern ausgehandelt war.

Es war gegen 16 Uhr. Meine Arbeit auf der Baustelle war getan, und so nutzte ich die Gelegenheit meines Aufenthaltes, um die Stadt Baracoa zu besichtigen. Baracoa zu besuchen, ist immer ein Vergnügen. Die Stadt zieht jeden

Besucher schnell in ihren Bann. Der alte Glanz aus den Zeiten der Kolonialherrschaft ist zwar längst verblaßt, läßt sich jedoch bei genauem Hinsehen noch vielerorts entdekken. Enge gepflasterte Gassen, in denen Kinder meist Pelota, eine Art Baseball, spielen. Arkadenhäuser umsäumen die Straßen. Und unter den Arkaden befinden sich kleine Läden. Auf dem Hauptplatz der Stadt, der Plaza Cacique Hatuey, wurde zu Ehren des Häuptlings der Tainos-Indianer, der Ureinwoner Kubas, ein Denkmal errichtet. Er starb auf dem Scheiterhaufen der Spanier, weil er seine Verachtung gegen die Christen laut äußerte.

Ich begab mich auf die Plaza. Hier pulsiert das Leben, wie überall in Kuba. Hier treffen sich alle, die Großen und die Kleinen, die Alten und die Jungen. Es wird viel geredet, Domino gespielt, gesungen und getanzt.

Hier unterhielten sich ältere Herren über ihre Fortschritte beim Lesen und Schreiben. Sie sprachen über den Bau neuer Häuschen und darüber, daß das Viertel am Hafen abgebrannt werden soll. »Wird auch nötig«, sagte ein Mann. »In dieser Gegend gibt es nur Schmutz und verfallene Hütten aus der Zeit der Kolonialherren und Batistas.«

Mir war bis dahin völlig entgangen, daß mein Besuch zum Stadtgespräch geworden war. Auf der Plaza kam es bald zu einer großen Menschenansammlung. Jeder wollte seine Fragen stellen. Einige waren: »Wieviel Leute werden in der Schokoladenfabrik arbeiten? Werden die Männer von dem Lohn auch ihre großen Familien ernähren können?« Es war ein Tag voller Aufregung auf der Plaza in Baracoa.

Die Kubaner ließen mich nicht gehen. Die Diskussion, die auf der Plaza begonnen hatte, wurde dann am Abend in der Dorfkneipe fortgesetzt. Man lud mich zum Essen und zum Trinken ein, servierte mir köstliche Gerichte vom Schwein und dazu ein kubanisches Getränk mit Rum.

Danach baten mich einige Kubaner, mit ihnen ins Kino zu gehen. Das Kino war ein Saal, der unmittelbar hinter der Dorfkneipe lag. Es war sozusagen das kulturelle Zentrum von Baracoa. Die Besucher kamen aus der Stadt oder auf ihren Pferden aus den nahegelegenen Bergen. Die Pferde wurden vor dem Kino angebunden. Es entstand eine Atmosphäre, wie ich sie bis dato nur aus den billigen »Western« kannte. Der Film, der gezeigt wurde, schien den Kinobesuchern völlig unwichtig zu sein. Wichtig war die Kommunikation. Man traf alte Freunde und Bekannte und tauschte Neuigkeiten aus. Freundliche Verkäuferinnen boten Snacks, Getränke und Helados, das sehr schmackhafte kubanische Eis, an. Diesen Tag in Baracoa werde ich immer in Erinnerung behalten. Für mich war hier alles aufregend und interessant

Meine Rückreise nach Havanna war für den nächsten Tag geplant. Der Weg führte mich wieder über das Hochgebirge nach Santiago de Kuba, und von dort mit dem Flugzeug nach Havanna. In Santiago angekommen, konnte ich mir etwas Ruhe gönnen. Mein Begleiter lud mich zu sich nach Hause ein. Seine Frau bewirtete uns mit allerlei Speisen und Getränken. So hielt ich es aus.

Doch dann kam alles so, wie es nicht schlimmer hätte kommen dürfen. Ich bekam die Nachricht, daß die wenigen Flüge nach Havanna ausgebucht waren und ich warten müßte, bis wieder ein Platz frei geworden ist. Ich konnte unmöglich warten. Am Flughafen von Santiago schlug man mir vor, doch einen Bus nach Havanna zu nehmen. Nachts würden diese Busse jede Stunde fahren. Und für die rund 1000 km von Santiago nach Havanna würde der Bus auch nur 15 Stunden brauchen.

Was blieb mir übrig. Eine Alternative war nicht in Sicht, und so entschied ich mich für den Bus. An der Busstation standen Menschen über Menschen. Mein kubanischer Freund besorgte mir die Fahrkarte. Mit 30 Minuten Verspätung fuhr der Bus dann endlich in Richtung Havanna.

Der Bus war übervoll. Die Menschen drängten sich dicht an dicht. Jeder führte noch viele Gegenstände mit. Lebensmittel aus Einkäufen in der Stadt, gackernde Hühner für die Verwandten in den entlegenen Dörfern, Kleinmöbel und was sonst so alles transportiert werden konnte. 12 Stunden mit Hühnern, auf Kleinmöbeln und zwischen Einkaufsbeuteln – was würde das für eine Fahrt werden? Ich verdrängte alles, was mich in Mißstimmung versetzt hätte und fügte mich in mein Schicksal.

Was ich nicht wußte, war, daß mein kubanischer Freund den Busfahrer über meine Anwesenheit an Bord informiert hatte. Der Busfahrer hielt aber nicht dicht. »Es ist ein Ausländer, ein Companero aleman im Bus«, hörte ich dann tuscheln. Und die Leute erzählten sich dann: »Er hilft in Baracoa eine Planta de cacao zu bauen.« Diese Nachricht erfuhren natürlich auch alle neuen Reisepassagiere. Ich hatte einfach keine Chance, das Thema irgendwann auf der Fahrt zu beenden. Die Menschen, die auf der Fahrt neu hinzustiegen, waren von eben der gleichen Neugier befallen, wie alle, die schon seit Santiago im Bus saßen.

Jeder schenkte mir seine Freundlichkeit. Alle Umsitzenden wurden der Fürsorge für mich nicht müde. »Geht es Ihnen gut? Wie gefällt es Ihnen hier? Kommen Sie aus der DDR?« Die Frauen boten mir Süßigkeiten und Früchte an, die Männer meist Zigarren. Daß ich Nichtraucher war, wurde mit heftigem Kopfschütteln registriert. Die Stunden vergingen, und die Stimmung wuchs. Wie zu jeder Zeit wurde gesungen. Man stimmte sogar die »Internationale« an und freute sich, daß ich alle Strophen mitsingen konnte. Danach war wieder »musica cubano« auf dem Programm. Doch irgendwann ermüdeten auch die Stärksten, und so fand auch ich etwas Schlaf.

Berichterstattung bei Che

Wieder in Havanna angekommen, suchte ich den Handelsrat Walter Klein auf und berichtete über die Ergebnisse meiner Reise. Wir entschieden uns, die kubanischen Partner ebenfalls zu informieren. Bei dieser Gelegenheit sollten auch alle erforderlichen Fragen für die Montage der Produktionsanlagen besprochen und entschieden werden. Ich vereinbarte Termine mit dem Industrieministerium und dem für den Bau der Schokoladenfabrik zuständigen Außenhandelsbetrieb Maquimport.

Die Verhandlungen über die technischen Anlagen kamen gut voran. Als ich dann die Frage stellte, wie die Monteure aus der DDR untergebracht und verpflegt werden, kamen die Gespräche ins Stocken. Keiner der kubanischen Gesprächspartner fühlte sich dafür zuständig. Ich hatte den Eindruck, daß niemand die Verantwortung für die Unterbringung der companeros alemanes übernehmen wollte. Im Industrieministerium schlug man mir vor, diese Frage mit Che Guevara zu besprechen. Die Kubaner sagten, daß Che den Bau der Schokoladenfabrik schließlich unter persönliche Kontrolle genommen habe. Nur er könne die notwendigen Entscheidungen über die Unterbringung und Verpflegung der DDR-Monteure treffen.

Ein Gespräch mit Che war unter diesen Bedingungen sicher der beste Weg. Der Handelsrat unterstützte diesen Schritt und vereinbarte kurzfristig für mich einen Termin bei Che. Walter Klein konnte dabei seine guten Kontakte zu Che nutzen und das kubanische Protokoll umgehen.

In diplomatischen Kreisen hatte sich längst herumgesprochen, daß Che kein Mann des Protokolls war. Er wollte selbst entscheiden, wann und wo er Gäste empfängt, und was dann besprochen wird. Che liebte es, mit seinen Besuchern direkt und alleine zu verhandeln, ohne Protokollanten und Zuhörer aus den Abteilungen des Industrie- oder Außenministeriums.

Che gab mir noch am gleichen Tag einen Termin. Zwar wieder erst in der Nacht um 24 Uhr, aber was machte das schon. Ich fuhr wieder ins Industrieministerium, zum Platz der Revolution. Den Tag über hatte ich zur Vorbereitung genutzt. Jeden Satz meines Berichtes hatte ich mir genau überlegt. Und trotzdem: Da war wieder dieses mulmige Gefühl in der Magengrube!

Ich traf pünktlich im Ministerium ein und wurde beim Empfang schon erwartet. Ein Adjudant bat mich, noch etwas Platz zu nehmen. Der Comandante Che habe noch ein dringendes Gespräch, und das könne noch einige Zeit dauern. Natürlich übte ich mich in Geduld. Was hatte ich auch für eine Alternative?

Nach 30 Minuten öffnete sich die Tür vom Ministerbüro. Ich traute meinen Augen nicht. Wer dort herauskam, war Fidel Castro persönlich. Ich erhob mich. Fidel ging nicht zum Fahrstuhl. Er kam direkt auf mich zu, begrüßte mich sehr freundlich und entschuldigte sich dafür, daß ich warten mußte. Er sagte noch, daß das Gespräch nicht aufschiebbar gewesen wäre und verabschiedete sich mit einem freundlichen »hasta luego«, bis dann.

Ich war zur Granitsäule erstarrt. Der in der ganzen Welt bekannte Revolutionsführer Fidel Castro begrüßte mich und entschuldigte sich dafür, daß ich auf meinen Termin bei Che einige Minuten warten mußte. Stunden hätte ich gewartet. In mir ging nichts mehr. Ich war überwältigt und konnte keinen klaren Gedanken fassen, geschweige denn, ruhig oder wenigsten relativ gelassen auf Fidel zu zugehen. Noch heute kann ich nicht mit Bestimmtheit sagen, ob ich auf die herzlichen Worte Fidels ebenso geantwortet habe, oder wenigsten so etwas ähnliches wie »macht nichts, kein Problem« von mir gab. Alles in allem – für mich war es eine fatale Situation.

Dennoch: Die Begegnung mit Fidel ist mir als »herausragendes Erlebnis« in Erinnerung geblieben. In der DDR habe ich es bis zur Wende im Jahre 1990 nicht erlebt, daß jemand im Range eines Ministers sich für eine solche Begebenheit bei den Wartenden entschuldigt hätte. Das wäre keinem in den Sinn gekommen. In Kuba pflegten die Spitzenpolitiker einen anderen Umgang mit den Bürgern und auch mit uns Ausländern.

Danach ging alles sehr schnell. Che's Adjudant forderte mich auf einzutreten. Militärisch exakt meldete er mich an. Che saß am Schreibtisch. Er begrüßte mich und forderte mit einer Handbewegung auf, mich zu setzen. Wir waren allein in dem großen Büro. Auch er entschuldigte sich für die Verspätung und erwähnte nur, daß er dringende militärische Fragen mit Fidel zu klären hatte.

Eigentlich war es in Lateinamerika allgemein üblich, solche Gespräche mit einem breiten, oft belanglosen Palaver einzuleiten. Che war aber kein Freund langer Vorreden. Er kam gleich zur Sache.

Den Bericht, den ich Che über meine Reise nach Baracoa abgeben wollte, hatte ich vorsichtshalber auswendig gelernt. Er ließ mich ausreden. Das war ein Glück. Es war nicht sicher, ob ich bei meinen damaligen Spanischkenntnissen und der Nervosität jemals den Faden hätte wieder aufnehmen können.

Che mußte meine Aufregung bemerkt haben. Offensichtlich wollte er die Atmosphäre etwas entspannen. Er erkundigte sich nach meinem Befinden, ob ich gern in Kuba arbeite und danach, was ich in der DDR getan habe. Das gab mir Sicherheit. Diese Fragen konnte ich in gutem Spanisch beantworten. Wir stellten gemeinsam fest, daß wir gleichen Alters sind und uns nur der militärische Dienstgrad unterscheidet. Ich war zu dieser Zeit Unterleutnant der Reserve. Daß ich mich in Kuba sehr wohl fühlte und im Rio Mar gut untergekommen war, nahm er freundlich auf.

Doch dann stellte Che seine präzisen und detaillierten Fragen zum Thema. Er war außerordentlich gut vorbereitet. Er stellte Fragen über Fragen. »Wann treffen die technischen Ausrüstungen ein? Wann kommen die Monteure aus der DDR? Wie werden die kubanischen Fachkräfte in der DDR ausgebildet? Werden sie über die erforderlichen Kenntnisse verfügen, um in Baracoa gute Schokolade herzustellen? Bekommen sie in der DDR auch die dafür nötigen Rezepturen? Was muß noch getan werden, damit die Eröffnung der Schokoladenfabrik im April des Jahres 1963 gesichert ist.«

Ich versuchte, alle Fragen exakt und ausführlich zu beantworten. Die Anlagen aus der DDR würden rechtzeitig in Kuba eintreffen. Die kubanischen Fachkräfte würden in der DDR gut ausgebildet. Die DDR würde auch die entsprechenden Rezepturen liefern, um in Baracoa gute Schokolade herstellen zu können. Im Fazit versicherte ich Che, daß die Schokoladenfabrik im April 1963 eingeweiht werden kann.

Che schien mit meinem Bericht sichtlich zufrieden. Ich mußte aber noch zwei Fragen geregelt bekommen. Zum ersten war es die Frage nach der Unterbringung und Verpflegung der DDR-Monteure.

Che teilte mir mit, daß er diese Angelegenheit persönlich mit dem zuständigen Militärbezirk und den örtlichen Funktionären geklärt habe. Bei Schwierigkeiten sollte ich mich direkt an sein Büro wenden oder die Angelegenheit über den zuständigen »Inversionista« des Industrieministeriums klären.

»Was steht noch auf dem Programm, Companero Schaaf?«, fragte Che. Das nächste Thema war etwas ungewöhnlich und gehörte nicht ins Profil eines Außenhändlers. Der Sachverhalt war, daß sich die drei kubanischen Fachkräfte während ihrer Ausbildung in der DDR in deutsche Mädchen verliebt hatten. Sie wollten heiraten. Und so lag es eigentlich in der Natur der Sache, daß die Mädchen in Kuba leben wollten.

Ich erhielt aus der Heimat den Auftrag, die Mädchen und ihre kubanischen Partner von diesem Schritt abzubringen.

In der Hoffnung, Che würde mir in dieser Angelegenheit vielleicht helfen, wollte ich das Thema »Eine Heirat zwischen kubanischen Männern und deutschen Mädchen« bei ihm auf die Tagesordnung setzen.

Che sah mich mit seinen dunklen Augen erwartungsvoll an und schien zu fragen: »Was ist so schlimm, daß Du wie die Katze um den heißen Brei schleichst?« Ich verkrampfte nun völlig. Und als ich zu allem Übel noch versuchte, diesen »delikaten und ungewöhnlichen Gesprächsinhalt« auf humorvolle Weise zu vermitteln, fand ich bei Che nicht die gewünschte Resonanz. Che stand über diesen Dingen. In seinem Gesicht war deutlich zu lesen, daß er für eine Einmischung in die Privatsphäre junger Menschen nicht zur Verfügung stand.

So war dann auch seine Reaktion: Er sagte alles zu diesem Thema, was ein gebildeter und toleranter Mann sagen konnte, nämlich kein Wort.

Um es vorwegzunehmen – ich mußte dennoch mit den Betroffenen reden. Das Problem klärte sich ganz einfach: Die Mädchen wollten von mir keine Hilfe, und die Kubaner sprachen nur von Liebe.

Anreise der Monteure aus der DDR

Nur wenige Tage nach meinem Besuch bei Che informierte mich das Industrieministerium, daß drei kubanische Ingenieure zur Abnahme der Bauhülle der Schokoladenfabrik nach Baracoa reisen würden. Die Kubaner hätten die Absicht, mit dem Zug nach Santiago zu fahren. Wenn ich Interesse hätte, könnte ich mich ja anschließen.

Natürlich hatte ich Interesse. In Baracoa angekommen, fuhr ich mit meinen kubanischen Begleitern geradewegs zur Fabrik. Zwischenzeitlich waren auch die technischen Ausrüstungen aus der DDR vollständig eingetroffen und fachmännisch gelagert. Die kleinen Mängel am Bau, die ich nach meinem ersten Besuch noch beanstanden mußte, waren beseitigt. Die Eingangstür hatte die erforderlichen Maße. Und auch sonst schien alles in bester Ordnung.

Jetzt konnte ich ein Signal in die Heimat senden und die Monteure aus der DDR anfordern. Ich verließ die Fabrik und wollte mir die Unterkünfte ansehen, die für einige Monate das Zuhause unserer Monteure sein sollten. Ich war ohne Bedenken, denn immerhin hatte ich ja die Zusage vom Comandante Che. Mehr konnte man hier in Kuba nicht erreichen.

Aber als ich das Haus betreten wollte, verweigerte man mir recht grob jeglichen Zugang. Die Unterkunft war von Militärpersonen belegt. Auch der örtliche Kommandant konnte nicht helfen, auch nicht, als ich mich auf Che Guevara berief.

Ich fuhr wieder in die Fabrik, um dort den zuständigen »Inversionisten«, den Leiter des Objekts, zu unterrichten. Auch er zog resignierend die Achseln hoch. Da wußte ich, daß die Militärpersonen im Objekt unserer Monteure Angehörige des kubanischen Sicherheitsdienstes sein mußten.

In dieser Lage konnte nur Che helfen. Deshalb mußte ich so schnell wie möglich nach Havanna und Che in Kenntnis setzen. Ich hatte Erfolg. Schon nach 24 Stunden erreichte mich aus dem Ministerbüro die Nachricht, daß das Haus für die Monteure aus der DDR zur Verfügung steht.

Jetzt ging alles nach Plan. Die Monteure aus der DDR reisten mit dem Flugzeug in Havanna an und mußten trotz der anstrengenden Reise sofort nach Santiago weiter fliegen. Ich begleitete sie. In Santiago erwartete uns mein kubanischer Freund mit zwei Jeeps, einer für das Gepäck und das Montagewerkzeug und einer für uns. Wir fuhren noch bis Guantanamo und übernachteten dort.

Als wir dort eintrafen, drängten sich viele Kubaner um uns. Meine Landsleute machten sehr besorgte Gesichter. Offensichtlich flößte ihnen die Lebhaftigkeit der Kubaner,

Solche reißenden Flüßchen mußten durchquert werden.

Die Monteure kurz vor Baracoa bei einem »Bananenstop«.

insbesondere die der »Mulatos blancos und negros« besondere Ehrfurcht ein.

Am nächsten Tag mußten wir wieder das Gebirgsmassiv passieren. Diese Fahrt steigerte sich zum Drama. Schon bei der ersten Flußüberquerung versank ein PKW mit 14 Insassen im Schlamm. Erst als ein Truck eintraf, konnte das Auto wieder befreit werden. Auch unser Jeep stand unter Wasser, erreichte aber mit eigener Kraft das rettende Ufer. So ging die Fahrt weiter. Doch endlich waren wir am Ziel. Die Monteure waren von der Überfahrt und der Hitze völlig fertig.

Wir fuhren zur Unterkunft. Sie war gut eingerichtet und sauber. Und wie bei den Kubanern üblich, stand auch ein Begrüßungstrunk bereit – natürlich »Cuba libre«. Die Monteure zogen sich zurück, so daß mir die Zeit blieb, die Details für die Montage der technischen Anlagen mit den Verantwortlichen der Stadt Baracoa und der kubanischen Armee abzustimmen.

Danach ging ich in die Stadt auf die Plaza Cacique Hatuey. Wie immer waren viele Menschen versammelt und diskutierten. Diesmal gab es einen aktuellen Anlaß. Denn am 4. September 1962 hatte die Zeitung »Hoy« einen Gesetzentwurf der Regierung »Über die soziale Sicherheit« veröffentlicht. Ein alter Mann fragte mich: »Haben Sie noch nicht gelesen? Das müssen Sie aber. Das verändert unser ganzes Leben.«

In der Tat. Die von der Regierung Fidel Castros geplanten Maßnahmen würden das bisherige Sozialsystem Kubas, wenn es so etwas überhaupt gab, tiefgreifend revolutionieren. Alle sollten zukünftig Rente bekommen, jeder sollte im Krankheitsfalle seinen Lohn weiter erhalten. Medikamente und die ärztliche Versorgung würden für alle kostenlos sein. Die Schulden der Landarbeiter gegenüber den Großgrundbesitzern waren bereits ersatzlos gestrichen und die moderne Sklaverei beendet worden.

»Das ist Sozialismus«, sagte der alte Mann. Ich konnte den Mann verstehen und ließ mich von dem Freudentaumel der Massen mitreißen. Man lud mich, den Compañero aleman, zum »Cuba libre« ein. Die Alten erzählten von früheren Zeiten. Nicht so, wie ich es sonst gewöhnt war, daß früher alles besser war und so. Nein, diesmal erzählten die Alten mit ernstem Gesicht und erzürnter Stimme von der Ausbeutung unter Batista, von den Erniedrigungen und den furchtbaren Qualen.

Jesus, ein ehemaliger Landarbeiter, sagte: »Ich hatte kein Land. Nur eine kleine Palmenhütte ganz am Rande der

Auch dem Autor (links) schmecken die Bananen.

Stadt, eine Frau und acht Kinder. Wir mußten vom frühen Morgen bis in die Abendstunden auf den Feldern der Großgrundbesitzer schuften. Wir hatten keine Rechte. Und wenn wir etwas einfordern wollten, dann schickte uns der Großgrundbesitzer die Polizei oder sogar die Armee auf den Hals. Und jetzt hat die Revolution mir meine casita und ein Stück Land als Eigentum geschenkt. Das ist auch Sozialismus.«

Die Leute auf der Plaza erzählten aber auch von den ersten Tagen nach der Revolution. Da habe man sich erst mal richtig satt gegessen. »Das war ein großer Fehler«, berichtete eine Frau. »Stellen Sie sich vor«, erzählte sie weiter, »wir haben alle Hühner geschlachtet und verspeist. Dann kam das Erwachen: Wir hatten nun keine Eier mehr!« »Ja, auch der Sieg will gelernt sein«, antwortete ich.

Die Unterhaltung dauerte bis tief in die Nacht. Es setzte ein tropisches Gewitter ein, und an Schlaf war sowieso nicht zu denken. Ich ließ mich noch über die Maßnahmen informieren, die die »Kalt- und Warmverpflegung« sichern sollten und wollte dann mit dem Jeep wieder nach Santiago de Cuba zurückkehren. Doch das Tropengewitter hatte den Weg über das Gebirge unpassierbar gemacht. Von Guantanamo kamen keine Fahrzeuge über das Gebirge nach Baracoa. Die Einwohner meinten, das kann Tage dauern und schlimme Folgen haben. Schließlich wurde in Baracoa nichts hergestellt, kein Mineralwasser, keine Cola oder andere Getränke. Als ich dann noch hörte, daß der Flugplatz von Baracoa, kein Flugplatz wie wir ihn kennen, sondern nur eine Rasenpiste, überschwemmt war, wußte ich mir keinen Rat mehr. Ich wandte mich an den Militärkommandanten und bekam Hilfe.

Der fast fertiggestellte Rohbau der Fabrik 1962.

Die Schokoladenfabrik bereit zur Montage der Anlage 1962.

Die Monteure aus der DDR und die Techniker der kubanischen Seite 1962.

Meine Aufgabe war nun erfüllt. Ich fuhr zum Militärflughafen von Baracoa. Der hatte eine Rollbahn, so daß ich mit einem Militärflugzeug nach Santiago und von dort nach Havanna fliegen konnte.

Che eröffnet die Schokoladenfabrik in Baracoa

Die Wochen und Monate gingen ins Land. Es war schon Ende März 1963. Unser Handelsrat Walter Klein bereitete sich auf seine endgültige Heimreise vor. Wie man sich denken kann, ist so ein »Abschied« mit vielen protokollarischen Gepflogenheiten und Verpflichtungen verbunden. Auch wenn der Tag seiner Abreise noch nicht exakt feststand, begannen wir doch die Termine für Abschiedsbesuche von den Vertretern der sozialistischen Länder und von vielen Entwicklungsländern langfristig abzustimmen.

Im Mittelpunkt stand natürlich die Vorbereitung seiner Verabschiedung von den Repräsentanten des Gastlandes Kuba.

Wir erhielten zu unserem Erstaunen die erste Terminbestätigung von Che Guevara. Der Handelsrat hatte ohne meine Kenntnis entschieden, daß ich ihn bei diesem Besuch begleite sollte. Er sah darin eine günstige Gelegenheit, um mit Che direkt eine letzte Abstimmung über die Einweihung der Schokoladenfabrik zu führen.

Wir gingen wieder ins Industrieministerium. Che empfing uns freundlich. Drückte uns kräftig die Hand und fand für den Handelsrat herzliche Worte. Zur Erinnerung übergab Che als Abschiedsgeschenk eine Aktentasche aus Leder mit der Inschrift »Dem ersten deutschen Botschafter«.

Wir waren irritiert. Sollte Che etwa noch nichts von der Existenz der zwei deutschen Staaten und damit der DDR gehört haben? Ist ihm entgangen, daß Walter Klein Handelsrat und nicht Botschafter der DDR war?

Unsere Mienen schienen ihn zu belustigen. Er zeigte auf die Tasche und sagte lächelnd: »Die Inschrift stimmt. Ich habe das sozialistische Deutschland im Sinn gehabt. Die wahren Botschafter sind jedoch die Kaufleute. Sie sind immer die ersten bei der Herstellung von Beziehungen.«

Thema des Gesprächs war dann die Eröffnung der Schokoladenfabrik in Baracoa. Als Termin hatte er den 1. April 1963 festgelegt. Mir fuhr der Schreck in die Glieder. Es waren nur noch wenige Tage, und obwohl die kubanischen Techniker längst vor Ort waren und die Fabrik in ihre Hände genommen hatten, fühlte ich mich doch für die ordnungsgemäße Eröffnung persönlich verantwortlich. Che sah das grundlegend anders. Die kubanischen Spezialisten waren in der Fabrik, damit schien die Zuständigkeit der Companeros alemanes aufgehoben.

Am 1. April flogen Walter Klein und ich über Santiago nach Baracoa. Die Stadt empfing uns in so ausgelassener Stimmung, wie man sie wohl nur auf Kuba erlebt. Die Stadtväter hatten weitsichtig den Karneval genau auf den Tag der Eröffnung der Planta de cacao gelegt. Die Straßen und Plätze waren voller Menschen. Sie waren aus den entlegensten Dörfern gekommen, aus den Bergen, mit alten klapprigen Autos Made in USA, auf Pferden, mit dem Bus und auch zu Fuß. Nichts konnte diese lebensfrohen Menschen zurückhalten. Sie alle wollten life dabei sein, wenn die Schokoladenfabrik eröffnet wird.

Die Repräsentanten der Stadt begrüßten uns mit großer Herzlichkeit. Sie luden uns ein, auf der Tribüne Platz zu nehmen, direkt neben Che Guevara und Raoul Castro, den Bruder von Fidel und damaligen Verteidigungsminister des Landes, sowie Calixto Garcia, den Militärchef des Bezirks Oriente. Che teilte mir mit, daß er nach der Begrüßung hier auf dem Platz gemeinsam mit Raoul Castro einen Rundgang durch die Planta de cacao machen würde. Er wolle sich die Anlagen ansehen und eine Kostprobe von der Schokolade nehmen.

Ich war sehr nervös. Wie gesagt, Che betrachtete zwar meine Aufgabe als erfüllt, aber ich fühlte mich noch immer in der Pflicht. Mich beherrschte nur ein Gedanke: Ich mußte die Feier verlassen und in die Schokoladenfabrik. Ich wollte und mußte die Besichtigung selbst vorbereiten. Schließlich war diese Anlage auch »mein Kind«. Es war meine Aufgabe, den Industrieminister auf seinem Rundgang durch die Fabrik zu begleiten und die Technologie der Produktionsanlagen bzw. Ausrüstungen zu erläutern. Das sollte mir keiner streitig machen. Die Kubaner akzeptierten meinen Anspruch.

Jetzt war alles so weit. Die Vorbereitungen waren abgeschlossen, und die offizielle Eröffnung durch Che Guevara konnte mit der Besichtigung der Anlagen über die Bühne gehen.

Dann geschah etwas, was ich vorher nie für möglich gehalten hätte. Selbst heute würde ich es nicht so richtig glauben, hätte ich es nicht persönlich erlebt.

Was war passiert? Che Guevara hatte angeordnet, daß die Schokoladenfabrik am Tag der Einweihung für jedermann offen steht und die Schokolade bei laufender Produktion probieren könne!

Vor den Toren der Fabrik hatten sich nun Hunderte von Kubanern eingefunden, nicht nur um Che und die anderen Repräsentanten zu begrüßen. Ich war entsetzt! Daß so viele Kubaner in die Fabrik kämen, war für mich nicht vorstellbar, ja geradezu eine Horrorvision. Unter diesen Voraussetzungen konnte niemand die Sicherheit der Anlagen und der Menschen garantieren. Viele Kubaner hatten bis dahin noch nie eine Fabrikanlage gesehen. Sie kannten in Baracoa keine industrielle Fertigung. Hinzu kam, daß Kubaner von Natur aus äußerst neugierig sind und zu jeder Gelegenheit alles anfassen bzw. ausprobieren wollen.

Ich versuchte, diese Entscheidung rückgängig zu machen. Aber ich hatte keine Chance. Gegen eine Weisung von Che kam keiner an. So nahm dann die Eröffnung einen anderen Verlauf, als ich ihn jemals konzipiert hatte.

Ich wartete vor dem Eingangstor des Betriebes. Zu mir hatten sich der Betriebsleiter, der Leiter der Produktion und der Leiter Instandsetzung gestellt, die ich ja alle von der Ausbildung in der DDR her gut kannte. Da es keine protokollarischen Abstimmungen gab, wußte ich nicht, wer Che alles begleiten würde.

Wir mußten nicht lange warten. Che kam, umgeben von einem Pulk von Menschen. Unter ihnen konnte ich flüchtig einige Offiziere und örtliche Funktionäre ausmachen, die ebenso drückten und drängten wie alle anderen. Die Kubaner stürmten in die Fabrikhalle, und nach wenigen Minuten war die Planta de cacao sprichwörtlich in kubanischer Hand.

Ich versuchte mit aller Kraft, mich nicht von Che abdrängen zu lassen. Wir wurden gemeinsam durch die Fabrikhalle geschoben, bis wir an der Anlage die technologische Stufe »Kakaopresse« erreichten. Hier hielt ich Che fast gewaltsam fest. Ich sagte zu ihm: »Companero Minister, hier sehen Sie ein wichtiges Nebenprodukt der Anlage!« Che war sofort hellwach und bat mich, die Details der Anlage zu erläutern. Ich konnte etwas durchatmen. Die Menschen bildeten einen Kreis um uns. Ich erläuterte Che die Funk-

Bei der Eröffnung der Schokoladenfabrik am 1. April 1963 Che Guevara und Handelsrat Walter Klein (rechts).

Handelsrat Walter Klein, Che Guevara und Raul Castro (v.l.n.r).

tion der »Kakaopresse« und wie mit ihr ein wichtiges Nebenprodukt, die Kakaobutter, gewonnen werden kann. Seine Aufmerksamkeit richtete sich dann darauf, daß dieses Produkt industriell vielseitig einsetzbar ist, wie zum Beispiel in der Pharmaindustrie und – wenn erforderlich – für Kuba auch exportfähig ist.

Die nächsten Stationen durchschritt Che schnell. Sein besonderes Interesse galt der Fertigung der Schokoladentafeln. Auf dem Weg dorthin kamen wir an den Kühlräumen vorbei. In diesem Zusammenhang sei erwähnt, daß auch unter den klimatischen Bedingungen in Kuba die Kühlräume ein neuralgischer Punkt der Gesamtanlage waren. Ich mußte also alles daran setzen, daß die Menschenmassen diese Räume nicht betreten. Damit wäre die Produktion gefährdet, die ja bereits auf vollen Touren lief. Ich gab dem Minister zu verstehen, daß diese Räume wegen der laufenden Produktion nur von ihm, von den drei Führungskräften des Betriebes und von mir betreten werden dürfen. Er willigte ein. Jetzt konnte ich Che diesen sensiblen technologischen Bereich erklären, die »Kälteproduktion«. Die Produktionsanlage arbeitete hier schon an ihrer Grenze. Sollte die Produktion gesteigert werden, bedurfte es den Einbau weiterer Kälteanlagen.

Che schien in dieser Situation darüber nicht weiter nachdenken zu wollen. Er kam zum nächsten Punkt seiner Mission und übergab den drei in der DDR ausgebildeten Führungskräften ihre Ernennungsurkunden. Danach kostete Che die Schokolade. Er bedankte sich bei mir mit dem für Kubaner üblichen Handschlag in die Hüfte und sagte: »muchas gracias, Companero Schaaf«. Er ging zu den Menschen in der Werkhalle, verteilte Schokolade aus der ersten Produktion und schien sichtlich bewegt.

Im Ergebnis bleibt festzuhalten: Alles ging gut. Che hatte planmäßig in Baracoa die erste Schokoladenfabrik Made in DDR eröffnet. Die Fabrik gehörte von nun an den Kubanern. Wir feierten mit unseren kubanischen Freunden diesen denkwürdigen 1. April 1963. Musik und Tanz zu heißen Cubano-Rhythmen, dazu ein Gläschen Rum, das versetzte selbst uns Deutsche in eine ausgelassene Festtagsstimmung.

Nach einigen Stunden drängte Walter Klein zur Heimreise nach Havanna. Die kubanischen Gastgeber hatten für unsere Hast kein Verständnis. Als wir uns dann von Che verabschiedeten, machte er uns das Angebot, doch mit seiner Maschine zu fliegen. Er sagte, daß uns Comandante Castineira, ein Kämpfer aus der Zeit der Revolution, begleiten würde.

Handelsrat Walter Klein, Comandante Castinero und Raul Castro (v.l.n.r).

Auf dem Flugplatz stand Che's Maschine, eine Viersitzer. Der Flug nach Havanna war überwältigend. Wenn der kubanische Pilot aus den Wolken tief in die Täler flog, so tief, daß ich glaubte, die Palmenblätter berühren zu können, dann war das ein einmaliges Erlebnis. Gegen 22 Uhr sind wir sicher auf dem Militärflughafen in Havanna gelandet.

Am 11. April 1963, veröffentlichte die Zeitung »Hoy« unter der Überschrift »In einer modernen Anlage der DDR wird in Baracoa Qualitätsschokolade hergestellt« den nachfolgenden Artikel:

»Baracoa, die erste Stadt Kubas, stets vergessen, gelegen hinter den Gipfeln der Berge von Oriente, besitzt zum ersten Mal in seiner Geschichte eine Fabrik, eine Industrieeinrichtung. Es ist das Ergebnis der großen Industrialisierend der Revolutionsregierung. Diese Fabrikanlage ist die modernste ihrer Art in ganz Lateinamerika und eine der modernsten in der ganzen Welt. Sie wurde erbaut mit technischen Ausrüstungen aus der befreundeten DDR.

Techniker und Monteure aus der DDR und aus Kuba führten die Montage und den Bau durch. Aber die brüderliche Hilfe aus der DDR reduzierte sich nicht nur auf die Lieferungen der Ausrüstungen und die Entsendung von Technikern, sondern mehr als das. Drei junge Kubaner bekamen drei Monate lang ein Stipendium in dem Bruderland in den Städten Halle und Saalfeld. Hier konnten sie unter Anleitung den Produktionsablauf und die Anlage studieren, um jetzt ihre Kenntnisse anzuwenden.

Die Ernennung der Stipendiaten José Limonta Ortiz zum Betriebsleiter, Martin López Gonzales zum Produktionsleiter und Pedro Fondevilla zum Leiter Instandhaltung erfolgte am Tag der Eröffnung der Anlage...«

Che Guevara beim Rundgang durch die Anlage, dahinter der Autor (»El Mundo« vom 2.4.1963).

Umschlag der Verpackung für Tafelschokolade aus Baracoa im Jahr 2000.

El comandante Ernesto Che Guevara, ministro de Industria, en animada charla con el personal de la procesadora de cacao de Baracoa, el día de la inauguración. (Foto: Rogelio Arias.)

Bei der Eröffnung: Che (dahinter der Autor) im Gespräch mit Arbeitern der Fabrik (»Hoy« vom 11.4.1963).

Die Schokoladenfabrik Baracoa im Jahr 2000.

Die Kuba-Krise

Die Jahre unmittelbar nach der Revolution waren für das kubanische Volk und die Regierung eine Zeit, in der von Söldnern geführte Übergriffe gegen Fabrikanlagen, markante Bauwerke in den Städten und auf dem Land sowie Anschläge und Mord an der Tagesordnung waren. Es war das erklärte Ziel, Unruhe und Unsicherheit unter das Volk zu tragen und insbesondere mit der Vernichtung von Produktionsstätten für Konsumgüter die Versorgungsschwierigkeiten weiter eskalieren zu lassen.

In den von den Söldnern unter das Volk gestreuten Propagandamaterialien wurde offen zum Mord an Fidel Castro und weiteren führenden Persönlichkeiten der kubanischen Revolution aufgerufen. Obwohl sich im Inneren die Lage enorm verschärft hatte, haben wir zu dieser Zeit die zunehmende Aggressivität der gegen Kuba gerichteten Aktionen noch nicht mit dieser Intensität wahrgenommen.

Ich war auch damit beschäftigt, eine Delegation von Filmschaffenden der DDR mitzubetreuen. Sie drehte hier in Kuba den Film »Preludia 11« unter Regie von Prof. Kurt Maetzig. Der Delegation gehörten unter anderem so namhafte Schauspieler an, wie Armin Müller-Stahl, Günter Simon und Gerry Wolf. Vorweg sei hier jedoch vermerkt, daß der Film »Preludia 11« aus mir unbekannten Gründen nie in der DDR zur Aufführung kam.

Doch zurück zu den aktuellen Ereignissen. Die Lage verschärfte sich von Tag zu Tag. Immer häufiger waren Militärtransporte mit Schwerlastern vom Hafen Havanna in Richtung Westen, nach Pinar del Rio, gesehen worden.

Wie wir persönlich in dramatischer Weise erleben mußten, schickte die Kuba-Krise ihre Vorboten bereits voraus. Wir schrieben den 24. August 1962: Leuchtraketen flogen durch die Nacht und erhellten unser Wohnhaus und die Nachbargebäude. Dann krachten auch schon die Geschosse in das Hotel neben uns. Sie schlugen in die Wohn- und Schlafzimmer von ausländischen Familien ein. Auch unsere Unterkunft, die nur wenige Meter neben dem Hotel »Sierra Maestra« lag, wurde unter Beschuß genommen.

Wir waren völlig schockiert, und teilweise brach Panik aus. Die Aggressoren hatten sich mit ihren Booten in der Dunkelheit der Nacht der Küste des Stadtteils Miramar genähert und beschossen aus 20-Millimeter-Kanonen direkt die Gebäude der Calle Primera, der Straße Nummer 1.

Nachdem wir die ersten Schockreaktionen überwunden hatten, bemühten wir uns festzustellen, ob es unter unseren Landsleuten Verwundete oder sogar Tote gegeben hat. Trotz aller Dramatik: Die in Kuba lebenden DDR-Bürger sind alle unversehrt geblieben.

Bereits am frühen Morgen landete vor unserem Haus ein Hubschrauber. Fidel Castro war eingetroffen und kümmerte sich persönlich um die betroffenen Menschen. Noch am gleichen Tag, dem 25. August 1962, veröffentlichte die Tageszeitung »Hoy« eine Erklärung des Ministerpräsidenten Fidel Castro, die ich hier im Wortlaut zur Kenntnis geben möchte:

»Um 11:30 Uhr nachts wurde die Küste der Stadt Havanna durch bewaffnete Schiffe angegriffen, die zahlreiche Granaten des Kalibers 20 aus Kanonen abfeuerten. Die angreifenden Schiffe, geschützt durch die Dunkelheit, näherten sich bis auf einen Kilometer der Küste und eröffneten das Feuer auf die Gebäude der Calle Primera des Bezirkes Miramar. In der genannten Zone befinden sich mehrere Studentenwohnheime. Die Gebäude des Hotels »Sierra Maestra«, das Chaplin-Theater und verschiedene Wohnhäuser, in denen vor allem Familien mit Frauen und Kindern leben, lagen unter direktem Beschuß der feindlichen Granaten. Die Detonationen und Explosionen brachten das Leben vieler Menschen in Gefahr.

Dieser Angriff, der überraschend und heimtückisch geführt wurde, demonstriert die Feigheit und den kriminellen Geist seiner Urheber. Die Regierung der USA und die von ihr ausgebildeten und bezahlten Agenten wirken ungestraft von der Küste Floridas aus. Sie verhöhnen die elementarsten internationalen Gesetze und Normen des Völkerrechts.

Wir machen die Regierung der USA verantwortlich für diesen neuen und feigen Angriff auf unser Land.

Wir klagen vor der Weltöffentlichkeit die aggressiven Pläne an, die der Imperialismus gegen Kuba vorbereitet.

Wir warnen den Imperialismus, auch den Präsidenten der USA. Unser Volk hat alle erforderlichen Mittel in der Hand, um der Aggression zu begegnen.

Die kubanische Revolution, die weder durch eine ökonomische Blockade, noch durch wiederholte paramilitärische Aktionen und indirekte Angriffe gefügig gemacht werden konnte, wird auch diesem direkten Angriff widerstehen und ihn zurückweisen.

Vaterland oder Tod!

Wir werden siegen!

Fidel Castro – Ministerpräsident der Revolutionsregierung«

Aber dann in den Oktobertagen des Jahres 1962 blickte die Welt erneut voller Besorgnis nach Kuba. Der Weltfrieden war seit 1945 nie so gefährdet wie zu dieser Zeit. Erstmalig in ihrer Geschichte stand die Menschheit nahe am Abgrund einer nuklearen Katastrophe.

Was waren die Ursachen für diese bedrohliche Lage?

Grundsätzlich ging es wie bereits in all den Jahren des »Kalten Krieges« für die Weltmacht USA um die Erreichung militärischer Überlegenheit. Es war eine Tatsache, daß die UdSSR mit dem Ziel eine Pattsituation herzustellen bereits Anfang der 60er Jahre begonnen hatte, auf dem Territorium der Republik Kuba taktische und strategische Atomwaffen zu stationieren. Das blieb jedoch nicht geheim. Denn die USA waren technisch längst in der Lage, sich durch Spionageflüge über der Insel und mit dem Einsatz der U2, einem für damalige Verhältnisse technisch ausgereiftem Aufklärungsflugzeug, ein genaues Bild von der nuklearen Präsens und Stärke der UdSSR auf Kuba zu machen.

Sowjetische Atomwaffen an der Küste von Florida, sozusagen direkt vor der »Haustür der USA«, wurden im Weißen Haus in Washington als eine nicht zu akzeptierende Bedrohung angesehen.

Für die UdSSR hingegen war die Stationierung der Atomwaffen auf der Karibik-Insel Kuba die Konsequenz aus der militärischen Überlegenheit der USA gegenüber der UdSSR. Zu dieser Zeit bestand zwischen beiden Ländern bei Atomwaffen ein Verhältnis von 17:1 zugunsten der USA. Ähnlich angespannt war die Lage bei den strategischen Bombern und den U-Booten.

Eine besondere Gefahr sah die Sowjetunion für ihr Land in der Existenz von Atomraketen der USA in der Türkei. Mit diesen Waffensystemen konnte das Territorium der UdSSR bereits in 10 Minuten erreicht werden. Die Sowjetunion benötigte mit ihren Raketen bis in die USA immerhin 25 Minuten.

Diese Situation und die aggressive Politik der USA gegen Kuba waren letztlich der Grund für die Stationierung von strategischen Waffen in Kuba. Ziel war es, damit die militärische Überlegenheit der USA bei den Atomwaffen zu reduzieren.

Zugleich sollten diese Waffen als Abschreckung gegen eine geplante Invasion der USA auf Kuba wirken. Dafür gab es Gründe genug. Denn nach ihrer Niederlage in der »Schweinebucht« 1961 planten die USA eine weitere Invasion. Unter dem Codename »Ortsac«, was nichts weiter als Castro rückwärts buchstabiert bedeutet, probte die US-Armee in der Karibik Scheininvasionen. Damit sollte vor allem Fidel Castro klar gemacht werden, daß die USA zu jeder Zeit in der Lage sein würden, Kuba einzunehmen.

Die Entstehung einer Krise, die als »Kuba-Krise« in die Geschichte eingegangen ist, war nicht zu verhindern.

Sie begann am 22. Oktober 1962 gegen 18:00 Uhr. Weltweit wurden die amerikanischen Soldaten in Alarmbereitschaft gesetzt. Die US-Armee verlegte allein 180.000 Mann an die Küsten von Florida. Die B-52 Bomber stiegen in den Morgenstunden auf, zum ersten Mal in der Geschichte ausgerüstet mit voller Nuklearbewaffnung. 14.000 US-Piloten warteten in Reserve auf ihren Einsatz, 180 Schiffe der US-Flotte waren ausgelaufen und begannen die Insel Kuba zu umzingeln.

Abends um 19:00 Uhr trat Präsident Kennedy vor die Öffentlichkeit. In seiner Rede informierte er die Welt über die strikte Seeblockade der USA für alle Schiffe, die mit militärischer Fracht auf dem Weg nach Kuba waren. Er drohte an, diese Maßnahme auch auf alle anderen Schiffe auszuweiten. Er verkündete den nuklearen Vergeltungsschlag für den Fall, daß durch die UdSSR vom Territorium Kubas eine nukleare Rakete auf ein Land der westlichen Hemisphäre abgefeuert würde.

Etwa zu diesem Zeitpunkt übergab der Botschafter der USA in Moskau eine Note, in der die Existenz der sowjetischen Raketen und Abschußbasen auf Kuba festgestellt wurde.

Die kubanische Regierung reagierte sofort. Fidel Castro löste für die Streitkräfte bereits 17:35 Uhr den »alarma de combate«, den Kampfalarm aus. Zu den 100.000 Mann aktiven Soldaten wurden noch 170.000 Reservisten mobilisiert. Hinzu kamen die Milizen, so daß 400.000 Mann bewaffnet in Kampfbereitschaft waren.

Der kubanische Rundfunk und die Zeitungen unterstützten die Mobilisierung der Bevölkerung mit einschlägigen Losungen. Solche, wie »Auch wenn Kuba untergeht, der Sozialismus wird gegen den US-Imperialismus siegen«, sollten die Bereitschaft der Kubaner stärken, für ihr Land und die Revolution zu sterben.

Ich wollte zuerst an keine militärische Auseinandersetzung glauben, wenngleich alle Entwicklungen zwischen den Weltmächten und in Kuba selbst darauf hinwiesen. Doch der Konflikt eskalierte weiter, und so mußten alle ausländischen Vertretungen, also auch wir, vom Ernstfall ausgehen.

Wir bildeten einen Krisenstab, dem unter anderem der Handelsrat und Missionschef Karl Loesch und ich angehörten. Wir mußten die Frauen und Kinder der Missions- und Vertretungsmitarbeiter in Sicherheit bringen. In Kuba arbeiteten viele Spezialisten, hier waren Touristen und Schiffsbesatzungen aus der DDR, für deren Leben und Gesundheit wir uns verantwortlich fühlten.

Der Krisenstab legte folgendes fest: Alle in Kuba befind-

Havanna 1962 während der »Kuba-Krise«. Panzer rollen in ihre Stellungen.

Umfassende militärische Vorbereitung auf den US-Angriff.

lichen DDR-Bürger in der geschützten Vertretung unterzubringen, die Versorgung der Menschen mit Lebensmitteln und Trinkwasser zu sichern und die Kommunikation mit der Heimat aufrecht zu erhalten. Wir bereiteten eine Untersuchung vor, inwieweit diese Maßnahmen umgesetzt werden können.

Das Ergebnis der Untersuchung war niederschmetternd. Das Missionsgebäude war völlig unzureichend ausgestattet. Bei Stromausfall stand zwar ein Generator zur Verfügung, doch der reichte gerade einmal, um die Funkanlage zu betreiben. Es kam noch schlimmer: Auf dem gesamten Gelände gab es keinen Brunnen für Trinkwasser. Unsere Nachbarn, die Bulgaren, waren in der gleichen Situation. Und die uns gegenüber liegende Botschaft der UdSSR hatte – wie wir durchaus verstanden haben – ganz andere Sorgen.

In dieser Situation war mir der Gedanke gekommen, den Minister Che Guevara anzurufen und um Rat und Unterstützung bei der Versorgung der Botschaft mit Energie, Wasser und Lebensmittel zu bitten. Aber das hatte keinen Sinn. Durch Informationen aus dem Generalstab wußte ich, daß sich bei dieser angespannten Lage alle Kommandanten bei ihren militärischen Einheiten befinden. Che war der militärische Befehlshaber in der Provinz Pinar del Rio und in dieser Eigenschaft selbst für uns unerreichbar.

In diesen Stunden war unser Chef der Mission, Karl Loesch, pausenlos unterwegs, um von den kubanischen Einrichtungen alle erdenklichen Informationen einzuholen und diese an das Außenministerium der DDR und an die SED-Führung zu funken. Ich hielt intensiven Kontakt zu den Frauen und Kindern sowie den anderen DDR-Bürgern.

Militärische Frauen-Einheiten werden gebildet und ausgebildet.

Frauen aus der DDR übergeben einer Frauen-Einheit ein Ehrenbanner der »Freien Deutschen Jugend« als Zeichen der Solidarität.

Am Abend des 29. Oktober 1962 bat mich Karl Loesch um ein Gespräch unter vier Augen. Karl Loesch war ein erfahrener Mann und bewies in dieser extremen Lage außerordentliche Qualitäten. Er hatte mein Vertrauen und meine volle Unterstützung. Karl Loesch teilte mir mit, daß das Motorschiff »Völkerfreundschaft« aus der DDR mit 500 Touristen an Bord unterwegs sei und sich kurz vor dem Einlaufen in den Hafen von Havanna befinde. Ich spürte seine Anspannung. Er sagte: »Günther, es ist sehr ernst. Mit Berlin besteht kein Funkkontakt mehr. Unsere Anfragen finden keine Antwort, und die sowjetische Botschaft gibt uns auch keine verwertbaren Informationen. Die aus Miami abgehörten Sendungen besagen, daß US-Landetruppen bereitstehen, um Kuba anzugreifen.«

Jetzt waren wir gefordert. Wir mußten die gesamte Verantwortung allein übernehmen und auch alle Entscheidungen selbst treffen, die mit dem Eintreffen der »Völkerfreundschaft« verbunden waren.

Karl Loesch hatte für die Nacht vom 26. zum 27. Oktober ein Treffen mit dem Generalstab der FAR vereinbart. Er bat mich, ihn dorthin zu begleiten. Dort im Generalstab wurde uns an Hand von Luftaufnahmen das ganze Ausmaß der militärischen Bedrohung Kubas vor Augen geführt. Hohe Offiziere zeigten uns Bilddokumente über die Einschiffungen von US-Truppenteilen und Landungsbooten. Wir waren schockiert. Die Kubaner gaben keine Empfehlungen, was wir selbst tun könnten. Sie beteuerten nur, daß Kuba alles daran setzen wird, um das Land zu verteidigen.

Wir fuhren wortlos in die Mission zurück. Die Lage war unverändert. Mit Berlin gab es immer noch keinen Funkkontakt.

Wir konnten nicht mehr warten und mußten eigenständig handeln. Ich sah Karl Loesch erwartungsvoll in die Augen, so, als wollte ich sagen: »Wenn überhaupt jemand helfen kann, dann du, Karl.« Er reagierte sofort und traf folgende Entscheidungen:

»Das Motorschiff ›Völkerfreundschaft‹ wird spätestens in der Nacht zum 28. Oktober Kuba verlassen und mit allen Touristen an Bord in Richtung Rostock auslaufen.

Die Frauen und Kinder der auf Kuba beschäftigten DDR-Bürger sowie Delegationen jeder Art werden an Bord gebracht und ebenfalls Kuba verlassen. Ausnahmen sind nur bei medizinisch geschultem Personal zu machen.

Die Männer verbleiben auf den zugewiesenen Posten.«

Ich wurde beauftragt, alle entbehrlichen Lebensmittel, Medikamente und Verbandsstoffe von Bord der »Völkerfreundschaft« in die Mission bzw. ins »Rio Mar« zu bringen.

Ich schlug Karl Loesch vor, ein Gespräch mit dem Kapitän der »Völkerfreundschaft« zu führen. Er stimmte dem zu und bat mich, unverzüglich zum Schiff zu fahren und ein Gespräch mit dem Kapitän, dem 1. Offizier und dem Politoffizier vorzubereiten.

Es war bereits 3:00 Uhr morgens. Mir blieb nicht mehr viel Zeit, denn die »Völkerfreundschaft« hatte ihre Ankunft für den frühen Vormittag signalisiert. Ich suchte noch einige Kollegen auf und informierte sie ausführlich.

Die meisten Diplomaten und Außenhändler waren junge Leute. Man muß sagen, daß sie ohne Ausnahme Haltung zeigten, wenn auch verständlicherweise ein ängstliches Gefühl in der Luft lag. Paul Krüger, der Älteste in der Manschaft, erwies sich als eine wertvolle Stütze. Er wußte genau, worauf es in diesen Stunden ankam. Er sprach mit den Kollegen, konnte sie beruhigen und gewann ihr Vertrauen.

Ich fuhr zum Hafen und traf dort so gegen 9:00 Uhr ein. Ich konnte die »Völkerfreundschaft« schon am Horizont sehen. Zu allem Übel stürmte es an diesem Tag, und die See war rauh. Die »Völkerfreundschaft« bekam keine Genehmigung, um im Hafen am vorgesehenen Pier anzulegen. Der kubanische Hafenkapitän wollte das Risiko nicht übernehmen und hatte angewiesen, daß die »Völkerfreundschaft« vor der Festung El Morro auf Reede ankert.

Meine Gedanken waren nur auf einen Punkt gerichtet: »Du mußt aufs Schiff – koste es was es wolle!« Ich bat den Hafenkapitän, mich mit dem Lotsen zum Schiff fahren zu lassen. Nach einigem Drängen meinerseits willigte er mit einem verschmitzten Lächeln ein. Ich konnte dieses Lächeln nicht deuten. Machte mir auch keine Gedanken und ging entschlossen direkt zum Pier 1, wo mich die Lotsenbarkasse an Bord nahm.

Die Barkasse legte ab. Wir fuhren im Schutz der Hafenanlagen, und alles schien ruhig und normal. Doch dann erreichten wir das offene Meer. Es war die Hölle. Die Wellenberge türmten sich so hoch, daß unsere kleine Barkasse in deren Täler zu verschwinden drohte. Krampfhaft hielt ich alles fest, was zu greifen war. Auf der Überfahrt machte der Lotse mich mit dem »Entern« des Schiffes vertraut. Am Anfang verstand ich kein Wort. Warum sollte ich die »Völkerfreundschaft« entern? Würde nicht eine Treppe heruntergelassen, über die wir von der Lotsenbarkasse auf die »Völkerfreundschaft« gelangen würden? Aber dann wurde mir alles klar. Um auf das Schiff zu kommen, mußte ich einen kühnen Sprung vom Dach der Lotsenbarkasse in die Verpflegungsluke der »Völkerfreundschaft« machen, und zwar genau in dem Moment, wo die Barkasse auf den Berg der Welle gehoben wurde.

Wir waren längsseits der »Völkerfreundschaft« angekommen. Oben standen Hunderte von DDR-Touristen und schauten uns interessiert zu. Und nicht nur das: Sie filmten und fotografierten, was das Zeug hergab.

Der Lotse machte mir den Sprung vor. Die Barkasse wurde von einer kräftigen Welle nach oben gehoben, und mit einem eleganten Sprung erreichte er die Versorgungsluke der »Völkerfreundschaft«.

Jetzt war die Reihe an mir. Es war grauenvoll. Immer wenn ich springen wollte, war die Welle entweder nicht mehr oben oder noch nicht am Zenit. Ich brauchte viele Sprungversuche.

Aber schließlich gelang es doch. Ich besprach mit dem Politoffizier alle Details. Danach machte ich gemeinsam mit dem Missionschef dem Kapitän der »Völkerfreundschaft« unsere Aufwartung und unterbreitete unsere Vorschläge. Wir wurden uns schnell einig, stimmten das Szenario ab. Es wurde festgelegt, daß sich die Touristen bis 22:00 Uhr wieder an Bord einfinden und die Einquartierung der Frauen und Kinder in den Nachtstunden nach 0:00 Uhr beginnt. Die »Völkerfreundschaft« sollte pünktlich um 5:00 Uhr den Anker lichten und die Heimreise antreten.

Wir hatten noch alle Hände voll zu tun. Für die Touristen mußten Informationsblätter erstellt werden. Ich hatte die Bereitstellung und den Transport der Lebensmittel und Medikamente für die Missionsangehörigen zu überwachen.

Ich fuhr wieder in die Vertretung. Hier war alles wie vorher: Kein Funkkontakt mit Berlin, keine Antworten oder Weisungen aus der Heimat. Ein Gefühl, als wäre man völlig verlassen und allein. Das, was uns an Informationen vorlag, machte alles nur noch schlimmer. Ein US-Sender hatte im Laufe des Tages gemeldet, daß die Verhandlungen mit der UdSSR gescheitert seien und ein Krieg nicht mehr ausgeschlossen werden könnte.

Jetzt kam für mich die schwierigste Aufgabe. Ich mußte ins »Rio Mar«, um die Familien darüber zu informieren, daß alle Frauen und Kinder in der Nacht auf die »Völkerfreundschaft« gebracht würden, um mit ihr Kuba in Richtung Heimat zu verlassen. Ich fühlte mich sehr schlecht. Und im Nachhinein kann ich sagen: Ich hatte eine Aufgabe zu erfüllen, wie sie mir danach nie wieder übertragen worden ist.

Die Familien wollten sich auf keinen Fall trennen. Niemand wußte, ob man sich danach je wiedersehen würde. Nie wieder mußte ich so tragische Szenen voller Leid und Abschiedsschmerz miterleben, wie in dieser Nacht im »Rio Mar«. Schließlich konnten wir die Frauen doch für unseren Plan gewinnen. Es ging vor allem um die Kinder. Das wog mehr als der Trennungsschmerz.

Wir brachten die Frauen und Kinder in zwei Etappen an Bord der »Völkerfreundschaft«. Gegen 3:00 Uhr war die Aktion abgeschlossen. Nach 4:00 Uhr hatten wir, die in Kuba Zurückgebliebenen, die Pier wieder verlassen und die »Völkerfreundschaft« ihre Anker gelichtet.

Kaum hatte das Schiff abgelegt, da wurde es auch schon von US-Kriegsschiffen begleitet und von der amerikanischen Luftwaffe ins Visier genommen. Der Kapitän funkte: »Flugzeuge überfliegen uns in beängstigender Tiefe!« Danach brach der Funkkontakt auch zur »Völkerfreundschaft« zusammen. Nach kurzer Zeit erfuhren wir, daß es keine direkten militärischen Angriffe der US-Armee gegen die »Völkerfreundschaft« gegeben habe.

In den folgenden Tagen überschlugen sich die Ereignisse. Wir bekamen wieder Funkkontakt mit Berlin. Auf diesem Wege erfuhren wir, daß die UdSSR am Sonntagmorgen, den 28. Oktober 1962 den Vorschlag des amerikanischen Präsidenten Kennedy angenommen habe. Das bedeutete den Abzug der sowjetischen Raketen vom Territorium Kubas und im Gegenzug die Aufhebung der Seeblokkade durch die USA.

Das Leben hatte uns wieder. Auch die kubanischen Institutionen nahmen die Geschäfte wieder auf. Arbeit gab es in Hülle und Fülle. Doch für uns war es langweilig so ohne Familien. Wir mußten noch einige Monate ausharren. Erst im Januar 1963 brachte uns das Motorschiff »Heinrich Heine« unsere Frauen und Kinder zurück. Für uns war die Kuba-Krise zu Ende. Sie war schon Zeitgeschichte geworden.

Was für Kuba übrig blieb, für das Land und seine Menschen, ist bis heute nicht aufgearbeitet. Es war ein tiefer politischer Vertrauensbruch zwischen Kuba und der UdSSR entstanden, denn die Sowjetunion hatte den Abzug der Raketen ohne eine Konsultation und Abstimmung mit Kuba entschieden.

Was weiterhin auf der Strecke blieb und bis heute nicht gelöst ist, war die Durchsetzung der elementaren Lebensinteressen Kubas selbst.

Bereits 1962 erhob Kuba im Rahmen der Konfliktlösung zwischen den USA und der UdSSR solche existentiellen Forderungen, wie die Beendigung der Wirtschaftsblockade insbesondere durch die USA, die Einstellung aller subversiven Aktivitäten der USA gegenüber Kuba, der Luft-

und Schiffsspionage sowie den Rückzug und die Aufgabe des Marinestützpunktes Guantanamo, einschließlich die Rückgabe des besetzten Territorium durch die USA.

Wie bereits festgestellt, diese berechtigten Forderungen Kubas sind bis heute nicht erfüllt.

Che erläutert seine politischen Positionen

Mit Friedrich Johne wurde im Jahre 1963 zum ersten Mal ein Diplomat aus der DDR in Kuba als Botschafter akkreditiert. Erst im Januar 1963 haben die DDR und die Republik Kuba offizielle diplomatische Beziehungen aufgenommen und den Austausch von Botschaftern vereinbart. Bis dahin wurden die Interessen der DDR auf Ebene einer Mission vertreten.

Nach der Übergabe des Beglaubigungsschreibens beim Präsidenten der Republik Kuba, Dorticos, muß ein Botschafter ein teilweise strapaziöses Programm absolvieren. Über die Protokollabteilung des kubanischen Außenministeriums werden die Antrittsbesuche bei den Vertretern der Regierung und maßgeblicher Institutionen organisiert. Der Protokollchef der DDR-Botschaft organisiert das Besuchsprogramm bei den diplomatischen Vertretungen befreundeter und interessierter Länder, wie auch einen Empfang anläßlich des Eintreffens des Botschafters – es gibt also immer alle Hände voll zu tun.

Das war auch in dem Fall von Friedrich Johne in Kuba nicht anders.

Friedrich Johne hatte sich für seine Amtsperiode ehrgeizige Ziele gesetzt. Er wollte seinen Beitrag leisten, um langfristige stabile Beziehungen zwischen der DDR und der Republik Kuba noch intensiver zu gestalten. Deshalb war er von Beginn an bestrebt, mit den Regierungsvertretern Kubas enge, vertrauensvolle Kontakte herzustellen. Das war auch richtig so. Schließlich ist es für den Erfolg einer Botschaft von existenzieller Bedeutung, ob die Zusammenarbeit mit den Ministerien und Einrichtungen des Gastlandes gut funktioniert oder nicht.

Der Botschafter kam mit seinem Besuchsprogramm gut voran. In den Dienstberatungen des Botschafters wurden wir über die ersten Besuche und deren Gesprächsinhalte informiert. Wie üblich, wurden darüber auch Berichte per Kurier nach Berlin übermittelt. Nur ein Gesprächstermin bei Che Guevara als Industrieminister war noch nicht zustande gekommen.

Wie wir dann erfuhren, war dieser Umstand kein Versäumnis des Außenministeriums und des Industrieministers. Che befand sich genau zu dieser Zeit auf einer Afrika-Reise. Uns wurde deutlich, daß es Che Guevara bei seinen Gesprächen in einigen zentralafrikanischen Ländern und im arabischen Raum nicht nur um Fragen der wirtschaftlichen Zusammenarbeit ging. Er war längst angetreten, um über Lateinamerika hinaus kubanischen Einfluß auf die Weltpolitik zu nehmen.

Sein besonderes Engagement galt den Entwicklungsländern. Dafür gab es einen rationalen Grund. Anfang der 60er Jahre beschritten einige dieser Länder den Weg zu einer demokratischen Volksrepublik. Che erkannte in der Entwicklung von Ländern der dritten Welt auch eine große Chance zur Schaffung einer breiten und starken antiimperialistischen Front gegen die USA als Weltgendarmen und gegen die anderen Kolonialmächte. Deshalb richtete er seine Kraft darauf, die unterdrückten Völker in ihrem Befreiungskampf gegen den Imperialismus zu verbinden.

Die Reise durch Afrika führte Che auch nach Algerien. Dieses Land hatte Anfang der 60er Jahre große internationale Bedeutung. Unter der Präsidentschaft von Ben Bella war die algerische Führung auf dem Weg, das Land von einer ehemaligen französischen Kolonie zu einer demokratischen Volksrepublik mit starker antiimperialistischer

Massenkundgebung anläßlich des Nationalfeiertages am 26. Juli 1963. Im Hintergrund das Industrieministerium, Che's Amtssitz.

Auf der Ehrentribüne Fidel Castro und Präsident Osvaldo Dorticos.

Ausrichtung zu entwickeln. Vor diesem Hintergrund hatte Che ein vitales Interesse daran, mit den maßgeblichen Kräften Algeriens zu sprechen.

Die Regierung Algeriens verfolgte offensichtlich ein ähnliches Ziel. Sie bot Che zur Darstellung seiner politischen Positionen eine breite Plattform und lud ihn zu einer Konferenz ein, auf der er über Erfahrungen Kubas beim Aufbau einer sozialistischen Gesellschaft referieren konnte. Che nahm die Einladung an.

Zum besseren Verständnis halte ich es für angebracht, bereits an dieser Stelle darauf hinzuweisen, daß die Parteiführungen der UdSSR, der DDR und der anderen sozialistischen Länder schon zu diesem Zeitpunkt im Widerspruch zu einigen grundsätzlichen theoretischen und politischen Auffassungen von Che standen.

Soviel sei hier vorweggeschickt: Che Guevara wurde in der DDR als Revolutionär, Freiheitsheld und Internationalist verehrt. Seine theoretischen Erkenntnisse und Publikationen waren jedoch dem größten Teil der DDR-Bürger unbekannt.

Unabhängig von der durch die Auslandsreise von Che begründeten Verzögerung war der Botschafter ungeduldig – vielleicht hatte er einen besonderen »Auftrag« mitgebracht oder erhalten. Der Botschafter erfuhr von meinen guten Kontakten zum Industrieministerium und bat mich zu versuchen, auf unkonventionellem, vielleicht auch diplomatisch bedenklichem Weg kurzfristig einen Termin zu bekommen. Es klappte.

Ich bekam den gewünschten Termin übermittelt. Damit war meine Teilnahme am Gespräch »gesichert«, aber auch die Aufgabe, einen Vermerk darüber anzufertigen – eine unangenehme Begleiterscheinung.

Am Tag des Gesprächs verlief alles wie immer. Friedrich Johne und ich fuhren ins Industrieministerium. Wir wurden nach dem bekannten Protokoll von einem Adjudanten empfangen und ins Ministerbüro geführt.

Che begrüßte uns sehr herzlich und entschuldigte sich dafür, daß er den Botschafter nicht schon früher habe empfangen können. Wie wir ja sicher wüßten, sei er nicht in Kuba gewesen und habe deshalb seine Termine nicht persönlich koordinieren können.

Entsprechend den diplomatischen Gepflogenheiten konnten wir voraussetzen, daß Che den der Regierung Kubas übermittelten »Lebenslauf« von Friedrich Johne für die Erteilung des Agreement kannte. Zu Beginn des Gesprächs ging er auf den »spanischen Bürgerkrieg« ein, in dem Friedrich Johne als Offizier in den »Internationalen

Ebenfalls auf der Tribüne: Che Guevara, Anibal Escalante, Blas Roca und Carlos Rafael Rodriguez (v.l.n.r.).

Brigaden« gegen die Franco-Diktatur kämpfte. Besonderes Interesse zeigte Che für die letzte Funktion des Botschafters als Chef der Militärakademie der Nationalen Volksarmee in Dresden. Dieser Dialog trug dazu bei, daß von Anfang an eine vertrauensvolle Gesprächsatmosphäre herrschte.

Danach sprach der Botschafter die uns interessierenden Themen an und erkundigte sich bei Che nach seinen Eindrücken und den Ergebnissen der Gespräche in Algier, insbesondere jedoch jenen mit Ben Bella.

Als habe er unser Anliegen geahnt, zeigte sich Che über die Wendung des Gesprächs keineswegs überrascht und ging ohne Umschweife auf unsere Fragen ein. Er bat um unser Verständnis dafür, daß die Beantwortung der Fragen längere Ausführungen notwendig machen würden.

»Ich habe in Algier im Vortrag und in den Gesprächen mit Ben Bella drei Themen angesprochen. Das waren zum Ersten unsere Erfahrungen beim Aufbau einer sozialistischen Gesellschaft, zum Zweiten aktuelle Fragen des proletarischen Internationalismus und zum Dritten die Rolle der Entwicklungsländer und ihr Verhältnis zu den sozialistischen Staaten«.

Che sprach langsam und prononciert. Ich erinnere mich noch ziemlich genau daran, weil ich vor hatte, mir Notizen zu machen. Doch Che sah mich mit seinen dunklen Augen so suggestiv an, daß ich schnell wieder Abstand davon nahm und mein Papier in die Tasche steckte. Ich kannte ja Che's Abneigung gegen Protokollanten und Berichteschreiber aus früheren Begegnungen. Che lächelte und schien sichtlich zufrieden.

Da ich nach so vielen Jahren verständlicherweise nicht mehr alle Details wörtlich aus der Erinnerung reproduzieren kann, kommt mir entgegen, daß die kubanische Tageszeitung »El Mundo« am 16. Juli 1963 einen Artikel über die »Konferenz des kubanischen Ministers für Industrie in Algier« veröffentlichte, der genau die Probleme behandelt, die Che in unserem Gespräch erörterte. Dieser Artikel, der meines Wissens nach in der DDR nicht veröffentlicht wurde, befindet sich noch heute in meinem Besitz, wenn auch das Papier schon etwas vergilbt ist.

Zu den Erfahrungen beim Aufbau einer sozialistischen Gesellschaft in Kuba

In seinen Ausführungen über den Aufbau einer sozialistischen Gesellschaft in Kuba ging Che auf die inneren Entwicklungen nach der Revolution ein. Er verdeutlichte die Schwierigkeiten, sprach von Erfolgen und setzte sich schonungslos mit den begangenen Fehlern auseinander.

Che erinnerte daran, daß die revolutionäre Volksbewegung die Macht übernommen hat. Er sagte: »Damit wurden aber noch lange nicht alle Feinde des sozialistischen Kuba zerschlagen und aus dem Lande vertrieben.

Was haben wir nach der bewaffneten Revolution vorgefunden?

Die Strukturen des neokolonialistischen Staates waren noch immer intakt. Die Ministerien, die Finanzinstitutionen waren Höhlen von Bürokraten und Parasiten. Die leitenden Kräfte waren ohne jegliche Identifikation mit den Inhalten und Zielen der Revolution. Sie bremsten den revolutionären Prozeß und wurden später alle als Verräter entlarvt.

Innerhalb der Regierung bzw. zwischen den einzelnen Ministerien gab es keine Koordination. Diese alten Machtorgane der Bourgeoisie vegetierten innerhalb des neuen Staates wie ein Felsenriff im Meer, unabhängig von der Volksbewegung, eingeschlossen von der menschlichen Flut, die entschlossen vorwärts drängt.

Es gab aber noch einen anderen Feind – den Yankee-Imperialismus. Was hat er nicht alles unternommen, um uns zu vernichten?

US-Kriegsflugzeuge, mit den Farben Kubas auf den Flügeln, bombardierten heimtückisch Fabrikanlagen, Flugplätze und landwirtschaftliche Einrichtungen.

Wir verteidigten uns gegen Sabotageakte in der Wirtschaft und in Bereichen des öffentlichen Lebens, gegen direkte ausländische Aggressionen, gegen tägliche Gewalt, die von Banditengruppen an Menschen in den Städten und auf dem Land verübt worden sind.

Aber damit wurden wir fertig. Wir arbeiteten unermüdlich, um die alten Strukturen zu zerschlagen und ein neues Fundament aufzubauen.

Mehr als 90 Prozent der Industrie war nationalisiert. Der Binnen- und Außenhandel war nationalisiert und befand sich in der Hand des Staates.

Die kleinen Bauern wurden in einigen Regionen zu Einheiten von Kooperativen zusammengeschlossen.

Die Agrarreform wurde Schritt um Schritt umgesetzt, und auch im Gesundheitswesen und in der Volksbildung gab es beträchtliche Erfolge.

Aber wir hatten keine Zeit, um uns über unsere Erfolge zu freuen. Die imperialistische Blockade war auf ihrem Höhepunkt. Wir sahen uns verpflichtet, Tag für Tag hart dafür zu kämpfen, damit unser Volk genug zu essen hat.

Wie war vor der Revolution die ökonomische Struktur in Cuba? Das ausländische Kapital beherrschte das ganze

Land. Allein die USA kontrollierten 75% unserer Im- und Exporte.«

Che machte eine Pause. Er schien sich zu sammeln und sagte dann weiter: »Companero Embajador, ich möchte Ihnen in wenigen Sätzen unsere Abhängigkeit von den USA schildern, wie ich sie den algerischen Freunden erläutert habe.

Die Industrieansiedlung wurde fast ausschließlich durch amerikanische Unternehmen realisiert, mit amerikanischer Technologie, mit Rohstoffen und Ersatzteilen aus den USA. Die Mehrheit der technischen Spezialisten hat ihre Ausbildung in den USA erhalten.

Aber für einfache Tätigkeiten, die keine Qualifikation verlangen, benutzte man unsere billigen Arbeitskräfte. Die Fertigprodukte exportierte man mit enormen Gewinn in die USA oder andere Länder. Für das kubanische Volk blieb ein Hungerlohn.

Und was war Kuba für ein Land nach der Revolution?

Ein Land ohne Industrie, ohne landwirtschaftliche Entwicklung, mit einer bedrückenden Arbeitslosigkeit. Kuba war ein Land der Monokultur.

Wir hatten nichts! Jedes Eisenstück mußte aus dem Ausland importiert werden, die Maschinen und Produktionstechnologien stammten aus dem Ausland. In der Landwirtschaft waren wir ohne Dünger, ohne Insektizide, ohne Rohmaterial und ohne Ersatzteile.

Dafür lebten wir mit Sabotage, mit den von den USA bezahlten und in unserem Land operierenden Banditen, mit Aggressionen, mit der laufenden Gefahr von Invasionen.

Bis zu dreimal im Jahr war das Leben in Kuba paralysiert, weil wir die Volksmassen für den bewaffneten Kampf gegen die Yankee mobilisieren mußten.«

Che hielt in seinen Ausführungen inne und sagte: »Und doch schritten wir vorwärts!«

Er führte aus, daß er den algerischen Companeros auch die in Kuba begangenen Fehler nicht verschwiegen habe. Che sagte: »Einen Fehler zu machen, ist nicht so schlimm. Ihn zu wiederholen, ist von Übel!«

Nach Che's Ansicht wurden in Kuba Fehler verschiedenen Typs gemacht.

Ein Fehler war, daß Kuba auf seinem Weg zum Sozialismus mechanisch einige politische Organisationsformen und praktische Erfahrungen der sozialistischen Länder, insbesondere der UdSSR, übernahm. Che sagte: »Das hat unserer Entwicklung geschadet. Mit der Schaffung von Hierarchien und Verwaltungsstrukturen nach Vorbild der UdSSR haben wir bei uns den Bürokratismus wieder hervorgebracht, den wir während der Revolution energisch bekämpft haben.

Ein anderer Fehler, ein besonders schwerwiegender, war, daß wir für die Entwicklung unseres Landes keine fundierte Analyse erarbeitetet hatten und über keinen wissenschaftlichen Plan verfügten. Der Aufbau des Sozialismus muß politisch und ökonomisch geplant werden und dabei immer in Rechnung stellen, daß die Planung sich an den objektiven Veränderungen der Realität orientieren muß. Die Entwicklung in Kuba war von Spontaneität und Subjektivismus geprägt.«

»Ich möchte auf einige praktische Beispiele aufmerksam machen«, fuhr Che fort.

»Für die Konsumgüterproduktion verantwortliche Companeros meinten, in unserem Land gäbe es in einem Jahr einen Bedarf an 22 Millionen Paar Schuhen. Nie zuvor hatte die kubanische Industrie mehr als 10 Millionen Paar produziert. Wir wußten, daß wir das nicht erfüllen konnten.

22 Millionen Paar Schuhe, das wären mehr als 1 Million Tierhäute, eine enorme Erweiterung der Produktionskapazitäten, der Import von Rohstoffen und eine Vielzahl mehr an Facharbeitern.

Aber wir hatten eine subjektive Meinung: 22 Millionen Paar Schuhe müssen in einem Jahr produziert werden.«

Bei diesen Schilderungen mußte ich an meinen ersten Vertrag und die 5000 Kompressoren denken, die nach einem Jahr noch nicht gebraucht wurden.

»Sie lächeln, Companero Embajador?« fragte Che. »Es ist die Wahrheit!«

»Wir planten nämlich nur die Stückzahl. Aber woher wir die erforderlichen Rohstoffe und Kapazitäten für die Produktion von 22 Millionen Paar Schuhe nehmen sollten, spielte in unseren Planungen nur eine geringe Rolle. Letzten Endes war der Plan eine Demonstration des absoluten Voluntarismus.

In der Landwirtschaft haben wir ähnliche Fehler gemacht. Die jährliche Wachstumsrate in unserem Lande kalkulierten wir mit 15 Prozent. Das war nichts weiter als eine fiktive Zahl.

Dann sind die zuständigen Companeros in ihre Büros gegangen und haben willkürlich festgelegt, was man an Produkten produzieren müßte, um in der Landwirtschaft 15 Prozent Wachstum zu erreichen. Also wieder nur eine fiktive Zahl ohne eine reale Basis. Um es Ihnen direkt zu sagen: Der Plan von 15 Prozent Wachstum war schlicht weg lächerlich.

Ein nächstes Beispiel betrifft unseren Außenhandel:

Unser Außenhandel mußte sich aufgrund der Blockade

der USA total umorientieren. Wurden vor der Revolution 70 Prozent des gesamten Außenhandels mit den USA abgewickelt, so wurde dieses Volumen jetzt bis zu 75-80 Prozent mit den sozialistischen Ländern gehandelt.

Dieser Wechsel war für uns unter politischen und sozialen Aspekten vorteilhaft, aber im ökonomischen Sinne benötigten wir eine neue und gewaltige Organisation.

Sie müssen sich folgendes vorstellen: Früher bestellten die kubanischen Importeure per Telefon ihre Produkte in den USA. Die so bestellten Produkte und Mengen wurden aus den USA und am folgenden Tag mit einer Fähre von Miami nach Havanna geliefert. Bei dringendem Bedarf dauerte das nur Stunden.

Hinzu kam: Wir brauchten in Kuba keine Lagerhallen, keine Produktvorsorge oder Produktbetreuung.

Seit der Blockade bestellen wir unsere Waren im Wesentlichen in den sozialistischen Ländern. Von der UdSSR oder der DDR aus ist der Transport von Waren bis Havanna nicht in wenigen Stunden zu schaffen. Wir sind von diesen Ländern durch eine Transportzeit von zwei Monaten getrennt. Nun mußten wir auch dringend Lagerhallen bauen und Betreuungskapazitäten bereit stellen.

Der Handel mit den sozialistischen Ländern ließ sich auch nicht per Telefon abwickeln. Wir hatten es hier mit Handelspartnern zu tun, die ihre Ökonomie einer gesamtstaatlichen Planung unterworfen haben, die nur innerhalb und im Rahmen eines langfristigen Planes handeln. Das betrifft die Technologie, die Ausrüstungen und die verschiedenen Rohstoffe gleichermaßen.

Das stellte völlig neue Anforderungen an unseren Außenhandel. Früher haben wir die Produkte immer dann bekommen, wenn sie angefordert wurden. Heute müssen wir unseren Import exakt planen und mit den jeweiligen Handelspartnern langfristige Vereinbarungen treffen.

Wenn ich das zusammenfassen darf, so möchte ich folgendes sagen:

Wir haben in den ersten Jahren große Fehler gemacht.

Im Zusammenhang mit unseren Fehlern können wir aber auch auf bemerkenswerte Erfolge verweisen.

In der Bildung haben wir den Analphabetismus beseitigt. Der obligatorische und kostenlose Schulunterricht, einschließlich die Versorgung der Schüler mit Büchern und Schulmaterial bis zum 3. Jahr der höheren Schule, sind eingeführt worden.

Die Kinderarbeit wurde in Kuba abgeschafft.

Auf dem Gebiet des Gesundheitswesens haben wir die kostenlose medizinische Versorgung eingeführt. Wir haben in den ländlichen Regionen eine Vielzahl von Hospitälern und medizinische Einrichtungen gebaut.

Im sozialen Bereich hat die Revolutionsregierung neue Gesetze erlassen, welche jedem Kubaner im Krankheitsfalle soziale Sicherheit garantieren.

Wir haben unsere Zuckerpolitik berichtigt. Wir haben auch Grundlagen für Arbeitsnormen und Löhne im industriellen Sektor und in der Landwirtschaft geschaffen.«

Che's Kritik an der Wettbewerbsführung in den sozialistischen Ländern

Danach bat Che um eine kleine Pause und verließ das Büro. Friedrich Johne war über die Ausführlichkeit der Darlegungen von Che offensichtlich beeindruckt, jedenfalls sagte er kein Wort. Kurz darauf kam Che zurück und bot uns Kaffee und Wasser an.

Ich dachte, daß er den Antrittsbesuch des »Companero Embajador« nun beenden würde. Doch ich hatte mich mit dieser Annahme sehr getäuscht.

Che fragte, ob wir noch Zeit hätten? Als wir das bestätigten, stellte Che unvermittelt die Frage, ob wir die jüngste Veröffentlichung zum »Projekt über den sozialistischen Wettbewerb in Kuba« gelesen hätten. Ich bestätigte dies. Worauf er meine Meinung dazu wissen wollte. Damit hatte ich mich selbst in eine sehr komplizierte Lage manövriert.

Um das voll und ganz verstehen zu können, muß an dieser Stelle angemerkt werden, daß Che in vielen Punkten die Art und Weise der Wettbewerbsführung ablehnte, wie sie in der UdSSR und insbesondere in der DDR praktiziert wurde. Seine Kritik richtete sich im Kern dagegen, daß in den sozialistischen Ländern die Menschen hauptsächlich durch materielle Anreize, vor allem durch mehr Geld, zu höheren bzw. freiwilligen Leistungen stimuliert wurden.

Ohne meine Antwort dazu abzuwarten, begründete er seine Auffassung und führte aus, daß die Teilnahme am Wettbewerb und damit auch freiwillige, zusätzliche Arbeit Ausdruck der politisch-moralischen Einstellung der Menschen zur sozialistischen Gesellschaft sein müsse.

Nach seiner Ansicht würden im Sozialismus die kapitalistischen Werte ihre Bedeutung verlieren und an ihre Stelle das neue sozialistische Pflichtgefühl und Verantwortungsbewußtsein treten.

Er akzeptierte durchaus, für eine gewisse Phase materielle Anreize bei der Mobilisierung der Menschen anzuwenden. Die Schlüsselrolle, die die materiellen Anreize bei der Wettbewerbsführung in der UdSSR und in der DDR spielten, lehnte Che jedoch strikt ab.

Wenn in der DDR die Arbeiter und Angestellten nur über ihre privaten materiellen Interessen mobilisiert werden, dann ist das nichts anderes als das, was die Kapitalisten auch täglich machen.

Dieser Weg, so Che Guevara, reproduziere bei den Menschen die alten Gewohnheiten und Werte der kapitalistischen Gesellschaft. Materielle Anreize würden Habgier, Egoismus und Konkurrenzstreben zwischen den Arbeitern und Angestellten erzeugen. Man könne den Sozialismus nicht mit Mitteln aufbauen, die den Kapitalismus auszeichnen.

Ein solcher Weg würde die Menschen in ihre tiefe Isolierung treiben und die Gesellschaft nicht zum Sozialismus, sondern in eine »Sackgasse« führen.

Ich war nach diesen Worten hin- und hergerissen. Schließlich war ich fest überzeugt, daß in der UdSSR und auch bei uns, in der DDR, durch die Partei alles richtig gemacht wird, also auch die Wettbewerbsführung mit der materiellen Interessiertheit der Werktätigen.

Ich suchte nach einem Ausweg. Ich entschloß mich zu einer »Richtungsänderung« des Gesprächsinhalts und verwies auf die gerade in der DDR entstandene »Bewegung der Sozialistischen Brigaden«. »Diese Bewegung sei sehr komplex«, fing ich an zu erzählen. Sie habe nicht nur die Planerfüllung der Betriebe zum Ziel. Die Wettbewerbsprogramme würden auch konkrete Maßnahmen zur Weiterbildung, für Kultur, Sport und Freizeitgestaltung beinhalten.

Jetzt war Che konzentriert. Ich bemerkte das Interesse. Er wollte Beispiele zum Inhalt der Wettbewerbsprogramme, zur Abrechnung und zur öffentlichen Führung des Wettbewerbs wissen. So gut ich konnte, beantwortete ich seine Fragen.

Der proletarische Internationalismus und die Rolle der Entwicklungsländer im Kampf gegen den Imperialismus

Che teilte uns mit, daß er mit dem algerischen Präsidenten Ben Bella sehr ausführlich über den proletarischen Internationalismus und die Rolle der Entwicklungsländer im Kampf gegen den Imperialismus gesprochen habe.

Er habe versucht, Companero Ben Bella deutlich zu machen, daß der Kampf gegen den Imperialismus längst keine Angelegenheit eines Volkes oder von einem Land sein kann. Kuba habe während der Krise im Oktober 1962 und der drohenden Invasion durch die USA die Erfahrung machen müssen, daß der Kampf gegen den Imperialismus eine Sache für alle Länder auf der ganzen Welt sei.

Der Imperialismus, so konstatierte Che, sei längst zu einem Weltsystem gewachsen und unter Hegemonie der USA fest entschlossen, in Afrika, in Lateinamerika und in Asien seine Interessen mit kriegerischen Mitteln durchzusetzen.

Che erzählte uns von seiner Vision, alle Länder, die ein hohes Maß an Ausbeutung und Unterdrückung erleben, zu einem »Internationalen Krieg« gegen den Imperialismus zusammen zu schließen.

Dieser Kampf verlangt die internationale Solidarität aller gleichermaßen. Dabei darf es keine besonderen Interessen einzelner Staaten oder von Staatengruppen geben.

Der Botschafter wollte genauer wissen, wie das mit den »besonderen Interessen von einzelnen Staaten« zu verstehen wäre?

Che ging ohne zu zögern darauf ein und meinte, er habe bei seinen Reisen in die UdSSR und in andere sozialistische Staaten erfahren müssen, daß sich diese Staaten als ein »revolutionäres Zentrum« mit dem Führungsanspruch der UdSSR verstehen. Aufgrund dieser selbst zugeschriebenen Rolle würden sich diese Staaten immer wieder Sonderrechte einräumen. In seinen Gesprächen mit Vertretern anderer Länder der dritten Welt sei ihm nicht selten gesagt worden, daß die sozialistischen Länder sehr häufig ihre staatlichen Interessen über die der Befreiungsbewegungen stellen würden.

Che verwies auf die Kuba-Krise im Herbst 1962 und betonte: Die Regierung der UdSSR habe erst von uns die Genehmigung zur Stationierung ihrer atomaren Raketen auf unserem Territorium erbeten. Als dann die Krise mit den USA zu eskalieren drohte, habe die UdSSR selbstherrlich gehandelt und ohne uns zu fragen, die Raketen einfach wieder abgebaut.

So könne die internationale Solidarität nicht funktionieren.

Die sozialistischen Länder sollten sich ebenso von den Zielen des internationalen Kampfes gegen den Imperialismus leiten lassen. Auch wenn zwischen diesen Ländern oder mit einzelnen Anhängern der Befreiungsbewegungen unterschiedliche Auffassungen bestehen, müssen diese überwunden werden.

Che stellte in dem Gespräch fest, daß die Art und Weise, wie die sozialistischen Länder Kontroversen mit anderen zu lösen versuchen, die weltweite antiimperialistische Front nicht stärkt, sondern schwächt.

In diesem Zusammenhang ging Che auch auf die Handelsbeziehungen der sozialistischen Länder mit den Entwicklungsländern ein.

Er, Che, habe Ben Bella von der großen Unterstützung berichtet, die Kuba von der UdSSR, der DDR und den anderen sozialistischen Ländern erhält. Ohne diese Länder hätte Kuba die Blockade der USA nicht überleben können. Anders gesagt: Ohne die umfassende Solidarität dieser Länder wäre Kuba heute schon wieder in der Hand des Yankee-Imperialismus.

Er und Ben Bella hätten aber auch offen über Modalitäten des Handels zwischen den sozialistischen Ländern und denen der dritten Welt gesprochen.

Er habe Ben Bella gesagt, daß er die Abwicklung des Handels zwischen diesen Ländern auf Basis der Weltmarktpreise ablehne. Diese Preise würden bei weitem nicht einmal die Herstellungskosten decken und deshalb auch zu einer Art von Ausbeutung der Entwicklungsländer führen.

Es wäre die internationalistische Pflicht der sozialistischen Staaten, den unterentwickelten Ländern in der dritten Welt für ihre Waren wenigstens den Herstellungspreis zu zahlen und sie dadurch ökonomisch zu stärken.

Damit beendete Che seine Ausführungen zu Algier.

Der Botschafter hatte keine Zwischenfragen gestellt. Che nutzte die entstandene Pause, um sich nach ersten Ergebnissen des »Neuen Ökonomischen Systems« (NÖS) in der DDR zu erkundigen. Nach meinen Erinnerungen war der Informationsaustausch zu diesem Thema wenig ergiebig.

So wurde der Besuch beendet. Die protokollarisch übliche Zeit für solche Besuche war sowieso bei weitem überschritten. Che entließ uns mit einem freundlichen Gruß.

Der Botschafter und ich sprachen während der Heimfahrt kein Wort. Wie detailliert der Botschafter die Auffassungen Che's in seinem Bericht ans Außenministerium verarbeitet hat, entzieht sich meiner Kenntnis.

Ich habe über diesen Besuch und damit über das Denken von Che Guevara weder mündliche noch schriftliche Berichte erstellt.

Die von Che erhobenen Forderungen auf dem Weg zu einer sozialistischen Gesellschaft konnten auch in Kuba nicht umgesetzt werden.

Fidel Castro nimmt in einer Ansprache darauf Bezug, die er aus Anlaß des 20. Jahrestages der Ermordung von Che Guevara am 8. Oktober 1987 gehalten hat. Darin sagte Fidel Castro unter anderem:

»Die freiwillige Arbeit war z.B. eine Idee Ches, die er unserem Vaterland und unserer Revolution hinterließ, und sie kam immer mehr zum Erliegen. Es war nur noch eine Formalität, man ging an irgendeinem Sonntag mal irgendwohin, um unkoordiniert ein paar Dinge zu tun. Es herrschte die bürokratische und technokratische Meinung, nach der die freiwillige Arbeit keine grundlegende und wesentliche Angelegenheit sei; man sah sie als Dummheit und Zeitverschwendung an. Mit Überstunden sollten die Probleme gelöst werden, obwohl die reguläre Arbeitszeit nicht einmal richtig ausgenutzt wurde. Wir sind einer aufgeblähten Bürokratie erlegen, anachronistischen Normen, wir sind in die Falle gegangen und haben uns selber belogen. Wir haben uns eine Menge Laster zugelegt, die Che wirklich entsetzt hätten, denn wenn man ihm gesagt hätte, daß es in der kubanischen Revolution eines Tages Betriebe geben würde, die betrügen, um rentabel zu sein, wäre er entsetzt gewesen; wenn man ihm gesagt hätte, daß einige Betriebe, um rentabel zu sein und um Prämien und was weiß ich nicht alles verteilen zu können, ihre Baumaterialien verkaufen und abrechnen, als ob sie wirklich gebaut hätten, wäre Che entsetzt gewesen. ...

Wenn er (Che) gewußt hätte, daß das Geld zum wichtigsten Instrument der Motivierung der Menschen geworden ist, dann wäre er, der so sehr dagegen war, entsetzt gewesen. Arbeitszeiten werden nicht eingehalten, dafür aber werden Überstunden gemacht; die Einstellung unserer Arbeiter wurden korrumpiert, und immer mehr Menschen hatten nur Pesos im Sinn; wenn Che all das gewußt hätte, wäre er entsetzt gewesen, denn er war sich bewußt, daß man auf den ausgetretenen Wegen des Kapitalismus nicht zum Kommunismus gelangen kann, daß auf diesem Weg eines Tages die Idee der menschlichen Solidarität und des Internationalismus abhanden kommt und daß man auf diese Weise niemals zu einem neuen Menschen und zu einer neuen Gesellschaft gelangt... denn diese Wege führen niemals zum Kommunismus, sie führen zu allen Lastern und Entfremdungen des Kapitalismus.«

Aber es wäre falsch zu meinen, daß Che ein Träumer gewesen sei, ein Idealist, der die Realitäten verkannte. Er kannte die Realitäten sehr gut und stellte sie in Rechnung. ... Che glaubte immer an den Menschen. Er war Realist und verwarf nicht die materiellen Anreize, die er in der Übergangs Etappe beim Aufbau des Sozialismus für nötig hielt, aber der Faktor Bewußtsein und Moral wurde für ihn von immer größerer Bedeutung.

Es wäre eine Karikatur, wollte man Che nicht als Realisten sehen, der die Realitäten der Gesellschaft und der Menschen kannte, die aus dem Schoß des Kapitalismus entspringen. Che ist dennoch ein Mensch der Tat gewesen, als Soldat als Vorgesetzter, als Militär als Guerillero, als Individuum; er war bei allem der Erste, er verlangte von anderen nie etwas, was er nicht selbst zuerst getan hätte. Wir kennen und schätzen ihn als einen tugendhaften Menschen, ehrlich, rein, tapfer und solidarisch.

Che war ein Denker und besaß die außergewöhnliche Fähigkeit, in den ersten Jahren der Revolution wichtige Aspekte des Aufbaus des Sozialismus zu erkennen. Immer wenn irgendwo jemand für eine wichtige Aufgabe gebraucht wurde, war Che da.«

Zucker und Früchte

Der Name Kuba ist stets auch mit den Erzeugnissen Zuckerrohr und Zucker verbunden. Riesige Zuckerrohrplantagen prägen das Landschaftsbild weiter Teile der Insel. Seit Jahrhunderten sind Zuckerrohr und Zucker entscheidende Wirtschaftsfaktoren des Landes. Die Produktion von Zucker war in der Vergangenheit und ist noch heute für viele Menschen die wichtigste Existenzgrundlage.

Während meines Aufenthaltes in Kuba habe auch ich meine Erfahrungen mit Zuckerrohr und Zucker gemacht. Doch meine Begegnungen mit diesen Produkten waren extrem unterschiedlich. Aber ich möchte alles der Reihe nach erzählen.

Wie ich schon berichtete, spielte in Kuba Anfang der 60er Jahre die Organisierung von »freiwilliger Arbeit« eine große Rolle. Die Menschen aus den Fabriken und Verwaltungen gingen an Wochenenden auf die Felder, um den Landarbeitern bei der Ernte zu helfen. Natürlich freiwillig und ohne Lohn.

Wir DDR-Vertreter wollten da nicht abseits stehen, sondern uns an den Initiativen der kubanischen Menschen beteiligen. Also organisierten wir für uns einen freiwilligen Arbeitseinsatz auf den Zuckerrohrfeldern der Provinz Havanna.

Wir wurden zum Schlagen des Zuckerrohrs eingeteilt. Was ich da erlebte, überstieg meine Vorstellungen von der Zuckerrohrernte.

Schon der Bewegungsablauf beim Schlagen des Zuckerrohrs machte mir gewaltige Schwierigkeiten. Das Rohr mußte mit der Machete mit einem geraden Schnitt geschlagen werden. Wird das Rohr schräg abgeschlagen, wächst es im Folgejahr schräg und mindert die Qualität des Zuckerrohrs.

Diese Tätigkeit wurde von einem Inspektor streng überwacht. Hoch zu Roß ritt er hinter unseren Arbeitslinien auf und ab und kontrollierte unsere Arbeit ganz genau. Wie oft ich nicht exakt geschlagen habe und deshalb nachbessern mußte, weiß ich heute nicht mehr so genau. Aber es war häufig, denn die Kontrollen habe ich wahrlich nicht geschätzt.

Hat man das Zuckerrohr geschlagen, dann werden nach Beseitigung des Laubes die Stangen mit einem geschickten Hieb in der Luft in zwei Teile getrennt und mit dem nötigen Schwung auf den richtigen Lagerungsplatz befördert.

Wir beobachteten aufmerksam unsere kubanischen Freunde. Aber wie wir uns auch mühten, von uns hatte niemand die Kraft und die Geschicklichkeit, mit den Kubanern gleichzuziehen. Deshalb arbeiteten wir gleich zu zweit.

Aber mit den Stunden auf den Zuckerrohrfeldern ließen unsere Kräfte spürbar nach. Die Hitze von über 35° C im Schatten trieb uns den Schweiß aus allen Poren, so daß immer öfter nach Wasser gerufen und eimerweise getrunken wurde.

Auch die Pausen wurden immer länger. Wir taten so, als müßten die Macheten immer öfter nachgeschliffen werden. Doch ob wir mit scharfen oder stumpfen Macheten arbeiteten, war eigentlich egal: Wir hatten einfach keine Kraft mehr. Ich gab einmal völlig erschöpft auf, als mir vor Schwäche das Messer beim Schlagen aus der Hand rutschte und beinahe meinen Kollegen Neumerkel am Kopf traf.

Eine Erinnerung ist mir bis heute erhalten geblieben: Wenn man diese harte Arbeit einmal verrichtet hat, versteht man das Geheimnis des Zuckers besser und lernt ihn schätzen.

Die von mir geschlagenen »arrobas« waren gemessen an den Arbeitsergebnissen der Kubaner sicher nicht der Rede wert. Aber das war es nicht allein, was zählte. Die kubanischen Freunde begegneten uns mit Hochachtung. Sie schätzten die Absicht und unsere Solidarität, was nach der Arbeit bei gegrilltem Schwein und mit »Cuba libre« gefeiert wurde.

Das war die eine Erfahrung, die ich in Kuba mit dem Zucker machte. Die andere ergab sich ab 1963 aus meiner Tätigkeit als Außenhändler.

Worum ging es dabei?

Zum besseren Verständnis der damaligen Entwicklungen der Handelsbeziehungen zwischen der DDR und Kuba möchte ich an dieser Stelle auf einige wesentliche Dinge hinweisen.

Der Handel wurde auf »Clearing-Basis« abgewickelt, was im wesentlichen bedeutete, daß die Ein- und Ausfuhren ausgeglichen sein mußten.

Zwischen der DDR und Kuba bestand damals bei den Ein- und Ausfuhren ein Ungleichgewicht. Insbesondere der gestiegene DDR-Export von Erzeugnissen des Maschinenbaus und der Chemieindustrie mußte nun durch mehr Importe aus Kuba ausgeglichen werden. Das sollte vor allem durch mehr Zuckerimporte realisiert werden.

So weit schien alles gut geregelt, wenn da nicht noch in der DDR ein Problem zu lösen gewesen wäre.

Die DDR hatte eine eigene Zuckerproduktion. Sie war durchaus in der Lage, den Zuckerbedarf des Landes über den Anbau und die Verarbeitung von Zuckerrüben abzudecken.

Andererseits gab es aber genügend Gründe, Zucker aus Kuba zu importieren. Schließlich konnte der Handelsaustausch nur durch mehr Zuckereinkäufe intensiviert werden. Hinzu kam, daß es für die DDR eine Geste aktiver Solidarität war, dem kubanischen Volk durch Zuckerimporte weitere Unterstützung beim Aufbau einer sozialistischen Gesellschaft zu geben.

Die DDR hat damals viele innerstaatliche Maßnahmen eingeleitet, um den Import von Zucker aus Kuba möglich zu machen.

Die Umstellung des Handels auf »Clearing-Basis« war längst nicht die einzige Veränderung. Im Januar 1964 hatte die UdSSR mit Kuba ein langfristiges Zuckerabkommen abgeschlossen, in dem sie sich langfristig für die Abnahme von Zucker festlegte.

Diese Entwicklung war nur die eine Seite der Medaille. Die andere betraf den Zuckerpreis. Die Regierungen der UdSSR und Kuba kamen auf Wunsch Kubas überein, einen weit über dem Weltmarktpreis liegenden Festpreis von 6,11 cents/lbs festzulegen. Das entsprach weitgehend den Forderungen Che Guevaras, der übrigens mehrfach dieses Abkommen ausdrücklich würdigte

Die DDR war erst im Sommer 1964 so weit, ein Zuckerabkommen mit Kuba zu unterzeichnen. Der Abschluß solch eines Abkommens warf auch viele Fragen auf. Wir hatten nicht nur den Preis zugunsten Kubas zu akzeptieren, wir benötigten auch Sicherheiten für den Bezug der erforderlichen Mengen von Weiß- und Rohzucker. Erst auf dieser Grundlage konnte in der DDR die Größe der Anbaufläche für Zuckerrüben, ihre Verwendung sowie die Kapazitäten für ihre Verarbeitung geplant werden.

Um das Zuckerabkommen mit Kuba zu verhandeln und zu unterzeichnen, war eine Delegation unter Leitung des Sekretärs des ZK und Kandidaten des Politbüros der SED, Werner Jarowinsky, angereist. Von kubanischer Seite hatte sich Fidel Castro persönlich eingeschaltet.

In den Verhandlungen, die im Gästehaus in Cubanacan stattfanden, wurde um jede Position hart gerungen. Als dann am letzten Tag so gegen 2:30 Uhr alle offenen Fragen geklärt waren, konnte der Vertrag schriftlich fixiert und in Abkommensqualität geschrieben werden.

Doch dazu mußten wir in unsere Botschaft fahren. Wir hatten es geschafft. Der Siegellack auf dem Papier war noch feucht, und deshalb legte der Protokollchef, Alfred Patzak den Vertrag auf seinen Schoß. Als wir durch die Straßen von Havanna wieder ins Gästehaus fuhren, passierte ein großes Malheur: Der Fahrer war gezwungen, scharf zu bremsen. Die Seite mit dem Siegellack flog auf eine andere Seite des Vertrages, die nun Zeichen von Siegellack vorwies und damit für einen Staatsvertrag eigentlich untauglich war.

Wir mußten aber weiterfahren. Die Zeit drängte. Fidel Castro war auch schon eingetroffen. Hinzu kam, daß die DDR-Delegation in wenigen Stunden mit der Linienmaschine nach Prag fliegen wollte.

Als wir dann kleinlaut mit dem von Siegellack gezeichneten Vertragsdokument ankamen, trafen uns vernichtende Blicke unserer Delegationsleitung. Aber es gab keinen Ausweg: Der Vertrag mußte in dieser Form unterzeichnet werden.

Der Akt der Unterzeichnung verzögerte sich. Die planmäßige Abflugzeit war schon längst überschritten. Fidel

Anläßlich der Verhandlungen zum Zuckerabkommen DDR-Kuba 1964 besuchen die Verhandlungspartner Fidel Castro und Werner Jarowinsky (rechts neben Casto, leicht verdeckt) die Landwirtschaftsaustellung der DDR in Havanna.

Castro hatte bereits persönlich den pünktlichen Abflug gestoppt.

Doch zurück zu den Handelsbeziehungen. Wie bereits erwähnt, sollte der Handel zwischen der DDR und Kuba hinsichtlich der Im- und Exporte möglichst ausgeglichen gestaltet werden.

Das bedeutete, darauf zu achten, daß Kuba immer soviel Zucker bereitstellte, wie es im Abkommen vereinbart war. Nun war das Jahr, in dem unser Abkommen zustande kam, für die kubanische Zuckerrohrernte ein denkbar schlechtes. Die Zuckerproduktion sank auf 3,8 Millionen Tonnen und deckte damit bei weitem nicht alle Exportzusagen des Landes. Kuba hatte sich das Ziel gestellt, im Jahre 1965 rund 5 Millionen Tonnen und 1970 rund 10 Millionen Tonnen Zucker zu produzieren.

Diese Situation konnte unsere Exportvorstellungen gefährden. Wir stellten uns in der HPA – Handelspolitische Abteilung der Botschaft – also die Frage, was konkret an kubanischen Produkten zur Verbesserung der Versorgung der Bevölkerung der DDR zur Verfügung steht.

Die Antwort darauf war scheinbar leicht zu geben, denn was konnte die DDR an Früchten und Gemüse nicht gebrauchen? Also untersuchten wir die Produktion und Qualität sowie die Verarbeitungs- und Transportmöglichkeiten von Ananas, Paprika, Tomaten, Gurken, Limetten, Bananen, Grapefruit, Orangen, Avocado, Papaya, Fruta bomba, Maney, Malanga und noch so manches mehr.

Viel Zeit hatten wir nicht. Die Abkommensverhandlungen standen an. Von schnellen Ergebnissen hing ab, in welcher Höhe Maschinenbauerzeugnisse in unserem Interesse und im Interesse Kubas in den nächsten Jahren geliefert werden konnten.

Wir mußten alle Möglichkeiten nutzen, um zum Ziel zu kommen. An erster Stelle standen natürlich die konkreten Verhandlungen mit den zuständigen Ministerien und Einrichtungen Kubas. Zusätzlich nutzten wir alle Gelegenheiten, um uns ein eigenes Bild von Anbaubedingungen, und Infrastruktur zu machen. Entgegen kamen uns dabei u.a. Exkursionen und auch Ernteeinsätze.

Einige davon sind mir besonders im Gedächtnis geblieben, weil sie mir außer dem Beitrag zur Lösung der Aufgabe nachhaltige Erlebnisse mit dem Land und seinen Menschen gaben. Ich möchte sie dem Leser nicht vorenthalten:

Es ergab sich für mich die Möglichkeit, während der Pampelmusenernte an einer Exkursion auf die Isla de Pinos teilzunehmen.

Bereits zu dieser Zeit hatte der Allgemeine Nachrichtendienst der DDR (ADN) einen ständigen Korrespondenten in Havanna. Ob es ein Zufall war oder offiziell gewollt, weiß ich nicht so genau, aber die Ehefrauen der ADN-Korrespondenten waren damals in der Regel beim DDR-Fernsehen (DFF) beschäftigt.

Ich hatte immer ein gutes Verhältnis zu diesen Kollegen. Von ihnen bekam ich interessante Informationen, auch solche, die nicht immer direkt mit unserer Arbeit zusammen hingen, aber sich als nützlich erwiesen. Auf der anderen Seite versorgte ich die Korrespondenten mit Informationen, die ihr Gesamtverständnis für die wirtschaftliche Entwicklung Kubas und deren Handelsbeziehungen abrundeten oder ergänzten. Auf dieser Basis entwickelte sich zwischen uns alsbald ein freundschaftliches Verhältnis.

In diesen Jahren war Dr. Dieter Coburger als ADN-Korrespondent in Havanna tätig. Seine Frau war wie gesagt

Mitarbeiterin des DFF. Ich kannte sie bereits. Sie war mit mir in Baracoa gewesen. Frau Coburger hatte vom DFF vorgegebene Beiträge zu erstellen, die die Fernsehzuschauer der DDR über das Wirken der DDR in Kuba und über das politische, kulturelle und wirtschaftliche Leben in Kuba informieren sollten. Natürlich suchte sie dafür immer interessante Themen. Wenn ich konnte, half ich ihr, diese Aufgabe zu lösen.

Da bot sich eine gute Gelegenheit. Der von der Botschaft geplanten Exkursion einer kleinen Gruppe von Mitarbeitern auf die Isla de Pinos, schlossen sich Coburgers an. Die Insel liegt im Süden Kubas. Sie ist etwa 100 km vom Festland entfernt und ca. 2200 km² groß. Auf ihr gibt es undurchdringliche Mangrovensümpfe. Zahllose Buchten und Lagunen, üppige Vegetation und Dickicht prägen ihr Gesicht. Viele Flüsse und Bäche, die in der Regenzeit überquellen, durchziehen die Insel.

Die Isla de Pinos, später Isla de la Juventud, wurde im Jahre 1494 von Kolumbus entdeckt. Später dann war sie ein berüchtigter Piratenschlupfwinkel. Sie war auch als Gefangeneninsel bekannt. Schon die Spanier hatten es sich angewöhnt, hierher Gefangene in die Verbannung zu schikken.

Erst 1925 wurde die Insel dem Staat Kuba angegliedert. Diese Gelegenheit ließen sich reiche US-Bürger nicht entgehen. Sie kauften in den Jahren danach auf der Insel Ländereien und legten sich riesige Plantagen an. Sie nutzten brutal die billige »Gefangenenarbeit« und die Armut der einheimischen Landarbeiter.

Gefangeneninsel blieb sie auch nach 1925. Der bekannteste Gefangene war Fidel Castro, den man hier nach seinem mißlungenen Angriff auf die Moncada-Kaserne in

Santiago de Cuba vom 26.7.1953 bis 1955 einsperrte. Er wurde 1955 amnestiert und ging nach Mexiko ins Exil. Das ehemalige Gefängnis ist heute ein Museum, ein »Museo del Presidio«. Es liegt etwa 3 km östlich von der Inselhauptstadt Nueva Gerona.

Isla de la Juventud hatte sich längst auch einen guten Ruf als Hauptanbaugebiet von Pampelmusen erworben.

Die DDR war am Import von Pampelmusen bekanntlich stark interessiert. Also mußten wir die Insel besuchen. Natürlich wollten sich Coburgers diese in jeder Hinsicht interessante Reise nicht entgehen lassen. Frau Coburger erhielt sogar eine eingeschränkte Drehgenehmigung. Gefangene durften nämlich nicht gefilmt werden.

Für die Überfahrt von Batabano nach Nueva Gerona stand eine Fähre bereit. Sie war nicht mehr ganz neu und erinnerte eher an einen alten Mississippi-Dampfer aus dem 19. Jahrhundert. Der Motor tuckerte, und das Schiff bebte in einer Weise, so daß ich mich vorsichtshalber vergewisserte, ob denn für den Notfall auch Rettungsboote auf der Fähre wären.

Das Schiff war übervoll mit Leuten, die alle mit Sack und Pack behangen zur Insel wollten. Viele besuchten ihre Angehörigen in den Gefängnissen. Die Einheimischen hatten auf dem Festland eingekauft und die Händler transportierten ihre Waren per Fähre zur Insel.

Die Überfahrt verlief normal. Auf der Insel waren wir gut untergebracht. Am nächsten Tag stand die Besichtigung der Pampelmusen-Plantagen sowie der Wasch- und Verpackungsanlagen auf meinem Programm. Zugleich mußte ich die Bedingungen für die Lagerung und Verschiffung von Pampelmusen untersuchen. Frau Coburger war diese Reise eine willkommene Gelegenheit, eine Fernsehreportage über diese Insel und die Produktion von Pampelmusen zu drehen.

Doch daraus wurde nichts. Die Ernte von Pampelmusen war bereits voll im Gange. Auf den Plantagen arbeiteten viele Gefangene, so daß die Kubaner aus Sicherheitsgründen das Filmen streng verboten hatten.

Der Filmbeitrag mußte aber unbedingt gedreht werden, doch wie? Frau Coburger hatte auch gleich eine Lösung zur Hand und sagte: »Günther, du mußt den Pflücker spielen.« Um wie ein Kubaner auszusehen, zog ich mein Hemd aus und setzte den Sombrero auf. Fertig war der Pflücker. Der Fernsehfunk hatte seinen Filmbeitrag und war zufrieden.

Abends waren wir in einem Camp der Armee untergebracht und vom zuständigen Comandante zum Essen eingeladen. Die Unterkünfte waren wohl spartanisch eingerichtet, aber akzeptabel. Wer hohe Ansprüche stellt, sollte solche Reisen nicht mitmachen. Man hatte nach unserer Ankunft nur vergessen, uns einige Besonderheiten des Lagerlebens mitzuteilen, z.B. daß es Wasser nur zu bestimmten Zeiten gab.

Alle hatten Glück und ihre Dusche erfolgreich beendet. Nur Herr Dr. Coburger schaffte es nicht. Als höflicher Ehemann hatte er seiner Frau den Vortritt gelassen, und dann wurde er selbst nicht fertig..

Wir anderen waren längst geduscht und versammelten uns bereits, um zum Comandante zu gehen. Da ertönte ein Hilferuf, die Tür vom Apartment der Coburgers wurde aufgestoßen und ein von Seifenschaum umhüllter Dieter Coburger trat ins Freie. Er bettelte um Wasser, aber die Dusche gab nichts mehr her. Es wurden einige Flaschen »Insel-Mineralwasser« herangeschafft und

Dieter Coburger wieder einigermaßen menschlich hergerichtet.

Der Comandante hatte eine lange Tafel im Freien aufstellen lasen, eingerahmt von schmalen und harten Bänken. Das Essen wurde unter soldatischen Bedingungen eingenommen. Es gab nur Gläser für die Getränke. Die Fleischstücke vom Huhn oder Rind, der Reis und die Spiegeleier wurden auf der Tischplatte plaziert. Es hatte einen Vorteil: Der Abwasch entfiel.

Dazu gab es Brot, Bier und Rum. Es war alles sehr schmackhaft und bekömmlich. Doch die zahlreichen »Cucarachas«, die auf der Tischplatte herumkrochen, vermiesten schon manchem den Appetit. Empfindlich durfte man nicht sein. Kleine Vorbehalte wurden mit Rum heruntergespült. Ich saß dem Comandante gegenüber und sah zu, wie er diese kleinen Tierchen, die »Cucarachas«, verscheuchte.

Der Comandante erläuterte uns den Ausbildungsstand seiner Einheit und hob besonders hervor, daß die Soldaten während ihrer Dienstzeit ihren Bildungsstand wesentlich erhöhen konnten. Viele Soldaten verfügten über keinen Schulabschluß und holten ihn während der Armeezeit nach. Andere erwarben sich Kenntnisse für Berufe in Landwirtschaft und Industrie. Und das alles bei ständiger Alarmbereitschaft. Schließlich war die Insel aufgrund ihrer Lage und Größe ein möglicher Angriffspunkt für Aggressoren.

Alles in allem ein gelungener Freundschaftsabend, für den ich mich beim Comandante herzlich bedankte.

Vor unserer Heimfahrt besuchten wir noch die Marmorsteinbrüche in den nahen Caballes-Bergen sowie den bekannten Strand von Bibijagua mit dem sogenannten »Schwarzen« Strand.

Unsere Frauen wollten natürlich nicht abseits stehen und ihren Beitrag leisten, wenn bei ihnen auch der Drang nach Erlebnis und tätiger Solidarität mit Kuba im Vordergrund stand. Ein gemeinsames Unternehmen war wegen der zu beaufsichtigenden Kinder nicht möglich, so planten wir getrennte Einsätze, die Frauen am Sonnabend, die Männer am Sonntag. Die Frauen ernteten Tomaten und Paprika in der Region Havanna, die Männer Kaffee in Pinar del Rio.

Am Sonnabend zeitig früh ging es mit Bus in die Plantagen. Leider wachsen Paprika und Tomaten nicht auf Bäumen, dazu die sengende Sonne, kein Baum, kein Strauch in der Nähe. Als sie am Abend nach getaner Arbeit und im Wettbewerb um die besten Leistungen wieder ankamen, hatten sie eine gesunde Gesichtsfarbe mitgebracht, aber den »aufrechten Gang« vergessen, die Kleidungsstücke versaut, die rote Erde ließ sich nie wieder auswaschen und häßliche Sprüche auf den Lippen. Zum Glück war die Kraft, sich richtig zu artikulieren, verloren gegangen. Essen wollten sie nicht mehr – nur noch liegen und schlafen. Irgendetwas, das für unsere Analyse für zukünftige Importe hätte dienlich sein können, war natürlich an diesem Tag auch nicht mehr zu erfahren.

Man kann sich vorstellen, mit welchem Elan wir Männer Sonntag früh in den Bus sprangen – nur weg vom häuslichen Herd.

Die Provinz Pinar del Rio ist die westlichste Region Kubas, eine Landschaft, die über eine Vielfalt natürlicher Reichtümer verfügt, sowohl der Pflanzen- als auch der Tierwelt.

Hier soll der beste Tabak der Welt angebaut werden. Unweit des Dorfes Soroa befindet sich der den meisten

Touristen bekannte Orquideario, einer der schönsten Gärten Kubas mit 700 Orchideearten, von denen 250 nur hier heimisch sind und die Mehrzahl von November bis Februar blüht.

Der Kaffee wurde in der ersten Hälfte des 19. Jahrhunderts ins Land gebracht und im nördlichen Teil, in der Sierra Rosario angebaut. Wir hatten uns zur Erntehilfe von Kaffee in einer Genossenschaft angemeldet. Es war genau die Genossenschaft, der ich vor zwei Jahren das bei einer Solidaritätsaktion in meiner Heimatstadt Halle gespendete Spielzeug für die kubanischen Kinder und ein Ehrenbanner der VdGB – Vereinigung der gegenseitigen Bauernhilfe – Halle in einem feierlichen Akt übergeben hatte. Die Dorfbewohner erinnerten sich sehr gut und entsprechend herzlich war unser Empfang.

Ich hoffe, der Leser erlaubt mir an dieser Stelle einen kleinen Abstecher:

Es war mein erster Urlaub in der DDR. Was mich überraschte war die ungeheure Neugier, das Interesse an Informationen über Kuba, seinen Menschen, ihren Problemen und ihrer Revolution. Die Solidarität kannte keine Grenzen. Ich wurde in Brigaden eingeladen, die sich den Namen »Che Guevara« gegeben hatten. So viele Einladungen, das war nicht zu schaffen!

Meine Mutter in Halle, daran erinnere ich mich noch ganz genau, war Vorsitzende eines Kuba-Clubs und tätig in der VdGB. Sie ließ auch nicht locker und ich mußte berichten. Im Bezirksvorstand des VdGB wurde eine Sitzung unterbrochen, damit ich meinen Auftritt haben konnte. Diese Bauernvertreter riefen sofort eine Spendenaktion ins Leben und sammelten 1000 Mark für kubanische Kinder in der Landwirtschaft, ich hatte von den Verhältnissen berichtet.

Drei Monate später bekam die DDR-Botschaft in Kuba eine große Sendung Spielzeug und eine Traditionsfahne des VdGB zu meinen Händen, die ich dann in zwei Genossenschaften in Pinar del Rio übergab. Das waren regelrechte Festakte, mit aufgebauter, Palmwedel geschmückter Bühne. Das waren mit die schönsten Augenblicke für mich, zu sehen, wie die Kinder mit leuchtenden Augen von dem Spielzeug Besitz ergriffen. Für die Kleinen war das ein Stück Sozialismus, denn vorher waren Zigarettenschachteln und ähnliches ihr ganzes Spielzeug.

Und hier waren wir jetzt, um bei der Kaffee-Ernte zu helfen.

Vom Dorf im Norden der Sierra fuhren wir mit LKW durch unwegsames Gelände zu den Kaffeesträuchern, die aber einem Sauerkirschbaum in Größe und Umfang nahe kommen. Jeder bekam Hinweise, was reif zum Ernten ist und daß die Norm eines Pflückers pro Tag ein Quintales, etwas weniger als 50 kg ist. Jeder bekam etwas Schürzen ähnliches umgehängt, wer sich an das Ährenlesen erinnert, weiß was ich meine, mit dem Vorteil, daß man zweihändig arbeiten kann.

Wir begannen mit der Absicht, die vorgegebene Norm zu schaffen, aber nach 4 bis 5 Stunden, nachdem die Kräfte erlahmten und sich bei jedem die versteckten Krankheiten meldeten, ließen wir unser Ergebnis wiegen. Es war niederschmetternd, auch unter Berücksichtigung der 5 Stunden erreichten wir keine 50%. Einige Mitarbeiter hatten ganz schlechte Ergebnisse. Es stellte sich heraus, daß sie mehr die »schwarze Witwe«, eine gefährliche Spinne, gesucht hatten, statt die reifen Kaffeekirschen.

Der Vorsitzende würdigte dennoch unsere Leistung mit dem Hinweis, daß eine solche Norm nur geschafft wer-

Der Autor übergibt dem Vorsitzenden der »Granja del Pueblo 115« (Volksgut) eine Fahne der VdgB Bezirk Halle nebst einer Solidaritätssendung mit Spielzeug für die Kinder.

Diplomaten und Mitarbeiter der Handelsabteilung nehmen an einem Ernteeinsatz auf der Kaffeeplantage des Volksguts teil.

den kann, wenn die ganze Familie mithilft – so waren die Normen früher für die Plantagenarbeiter festgelegt. Die Dorfgemeinschaft feierte mit uns bis spät in den Abend hinein, die Solidarität und die Freundschaft zwischen den Völkern.

Unsere Bemühungen, die Importpalette zu erweitern, fand bei den kubanischen Institutionen durchaus Unterstützung. Die von uns erstellte Analyse über das Produktsortiment wurde in die Wunschliste zum Handelsabkommen 1966-1970 aufgenommen und sollte verhandelt werden. Zu diesem Zwecke befand sich im Januar 1965 eine Handeldelegation der DDR in Kuba, die unter Leitung des Direktors im Ministerium für Außenhandel, Kurt Stillmann stand.

Die Delegation, der u.a. auch ich angehörte, wurde von Fidel Castro am 23. Januar 1965 in den Präsidentenpalast zu einem »Gemüseessen« eingeladen. Das Menü wurde kunstvoll aus vielfältigen Gemüse- und Früchtekreationen zusammengestellt. Nur nebenbei sei gesagt: Ganz ohne Fleisch waren die Gerichte auch nicht. Fidel Castro hatte nämlich in Kuba die Zucht von Kaninchen initiiert. Er nutzte das Essen, um uns in Form von schmackhaften Zubereitungen seine »Zuchterfolge« zu präsentieren.

Während der Gespräche war Fidel Castro sehr gelöst. Sie verliefen ohne protokollarische Strenge und völlig unkonventionell. Die Unterhaltung wurde nicht nur zwischen Fidel Castro und dem Delegationsleiter aus der DDR geführt. Meine kubanischen Tischnachbarn waren der Außenhandelsminister Kubas, Marcelo Fernándes, und der zuständige Vizeminister für Landwirtschaft, Rafael Francia Mestre. In dieser Runde konnte ich viele Informationen über die innere Entwicklung und über den Außenhandel Kubas austauschen.

Treffen einer DDR-Handelsdelegation mit Fidel Castro zum »Gemüse- und Obstessen« im Präsidentenpalast am 23.1.1965. Der Autor dritter neben Fidel Castro zwischen dem Minister für Außenhandel Marcelo Fernandez und dem Vizeminister der INRA (Nationales Institut für Agrarreform) Rafael Francia Mestre. (»El Mundo« vom 24.1.1965)

Unsere Vorstellungen über die Möglichkeiten des Imports kubanischer Erzeugnisse aus der Landwirtschaft für die DDR waren nun nach allem ziemlich abgerundet. Nicht in allen Positionen gab es Übereinstimmungen. Man sollte es nicht glauben, es war schwieriger als wir gedacht hatten. Nicht nur logistische Voraussetzungen auf kubanischer und DDR-Seite waren ausschlaggebend, sondern auch der Geschmack und die teilweise Voreingenommenheit unserer Bevölkerung, was wir durch Probelieferungen getestet hatten. Auch dem Fernsehkoch Kurt Drummer, der sich dankenswerterweise zur Propagierung einiger exotischer Früchte mit eingesetzt hatte, gelang es nicht immer, diese Voreingenommenheit zu beseitigen.

Bei Kaffee erhielten wir von den Kubanern leider einen Dämpfer. Die Produktion reichte mal gerade für den gestiegenen Eigenbedarf Kubas und ließ sich sicherlich auch ganz gut gegen freie Devisen verkaufen.

Bei Avocados waren wir überzeugt, daß sie von der DDR-Bevölkerung nicht angenommen werden. Um ehrlich zu sein, die meisten von uns wußten auch nichts richtiges mit dieser Frucht anzufangen. In der Zwischenzeit ist das anders. Heute sind Avocados vielen bekannt und überall zu kaufen.

Schnellverderbliche Früchte wie Mangos sparten wir von vornherein aus, nur dem Saft gaben wir Chancen. Bananen wollte jeder in der DDR. Aber für diese Frucht war weder das Aufkommen, noch die Exportfähigkeit gegeben, geschweige daß die erforderliche Logistik vorhanden gewesen wäre. Die Bananen, die auf der Insel geerntet wurden, reichten gerade für den Eigenbedarf.

Bei Orangen stand die Frage schon etwas anders. Die Nachfrage der DDR-Bevölkerung nach Orangen war hö-

Eine weitere Industrieanlage Made in DDR zur Produktion von Elektroden wird eingeweiht.

Der Autor übergibt die »Elektrodenfabrik« in Nuevitas ihrer Bestimmung.

her, als durch den Handel abgedeckt wurde. Doch in der DDR wollte man Orangen mit dem Aussehen und in der Qualität, wie sie aus Italien, Griechenland oder Spanien bekannt waren.

Die kubanischen Orangen hatten einen hohen Saftanteil, eine dünne Schale und waren eigentlich nur zum Auspressen geeignet. Trotzdem bemühten wir uns um hohe Quoten für den Import dieser Orangen, um freie Devisen zu sparen.

Die Ananas konnte als frische Frucht nicht importiert werden. Wir hätten sie per Flugzeug transportieren müssen. Das wäre viel zu teuer und aufwendig gewesen. Deshalb konzentrierten wir uns darauf, die Ananas schon geschält und im gefrorenen Zustand sowie Ananassaft zu importieren.

Was wir auch untersuchten: Bei allen Produkten gab es etwas auszusetzen. Selbst manche bekannten Produkte wurden in der DDR nur schwer angenommen.

Die ersten Probelieferungen von Tomaten waren von gelber Färbung und reif. Es waren sog. Fleischtomaten, fester und damit transportfähiger als die üblichen. Doch keiner in der DDR kannte gelbe Tomaten. Und weil man glaubte, diese Tomaten seien noch unreif, legten viele Verbraucher die Früchte zur Nachreife in die Fenster, mit dem Ergebnis: Sie wurden nicht rot, sondern schlecht.

Ähnlich war es mit Zitronen. In der DDR gab es zu dieser Zeit nur Zitronen aus den Mittelmeerländern. Schön anzusehen, die Schale gelb und dick, der Saft süßlich. Die von Kuba gelieferten Limetten blieben dagegen grün, hatten eine dünne Schale und der Saftanteil war gegenüber der Zitrone viel günstiger, aber der Geschmack und die Tatsache, daß sie grün blieben, ließ sie bei der Bevölkerung nicht ankommen. Vor allem Krankenhäuser und andere soziale Einrichtungen erkannten den Vorteil der Limetten und wurden in Zukunft vorrangig damit beliefert.

Allein die Paprika und die Pampelmusen erfreuten sich regen Zuspruchs und wurden von der Bevölkerung gern gekauft und gegessen.

Zur damaligen Zeit baute Kuba keine 300.000 Tonnen Zitrusfrüchte an. Durch höhere Nachfrage, nicht nur aus der DDR, und den Anforderungen aus dem Tourismus wurden die Ernteerträge bis 1998 auf 1.850.000 Tonnen Zitrusfrüchte gesteigert.

Mein letzter Besuch bei Che

Oktober 1964: Ein denkwürdiger Tag in meinem Leben. Che Guevara hatte mir erneut einen Gesprächstermin gegeben. Es sollte unser letztes Zusammentreffen werden. Danach habe ich Ernesto Che Guevara nie wieder gesehen.

Diese Stunde bei Che ist in meinen Erinnerungen immer hellwach geblieben. Und mit den Erinnerungen leben in meinen Gedanken all jene Ereignisse und Begebenheiten wieder auf, die zu dem Besuch geführt haben.

Die erste Industrieausstellung der DDR in Kuba

Es ist eine etwas längere Geschichte. Wegen des besseren Verständnisses muß ich sie der Reihe nach erzählen. Ich werde mich bemühen, nur die wesentlichen Fakten und Zusammenhänge darzustellen.

Was war geschehen?

Nur wenige Wochen nach meiner Ankunft in Kuba führte die DDR im November 1961 ihre erste Industrieausstellung in Kuba durch. Die DDR wollte mit dieser Ausstellung ihre wirtschaftliche Leistungskraft demonstrieren und den Wirtschaftsbeziehungen DDR-Kuba neue Impulse verleihen. Die kubanische Seite hatte ein ähnliches Interesse und erhoffte sich eine wirtschaftliche Stärkung des Landes.

Vor diesem Hintergrund haben die Außenhandelsbetriebe der DDR alle Exponate sehr sorgfältig ausgewählt und mit den kubanischen Partnern abgestimmt. Sie entsprachen weitgehend den Exportvorstellungen der DDR und den Importerwartungen der kubanischen Partner.

Die Exponate, die meinen unmittelbaren Verantwortungsbereich betrafen, hatte noch mein Vorgänger ausgewählt und abgestimmt. Die entsprechenden Unterlagen waren von ihm sorgfältig aufbereitet und abgelegt worden, so daß ich mich systematisch auf die Industrieausstellung vorbereiten konnte.

In den Unterlagen las ich den Namen eines mir völlig unbekannten Exponats. Es handelte sich um eine Maschine mit dem exotischen Namen »Plansichter«. Eine solche Maschine war mir bis dato noch nicht untergekommen. Was sollte das sein, ein »Plansichter«?

Erst nachdem ich Stunden und Tage die Beschreibungen der Exponate gelesen hatte, konnte ich das Geheimnis lüften: Ein »Plansichter« war eine Maschine, die bei der Verarbeitung des Weizens zwischengeschaltet ist und aus übereinandergeschalteten Flachsieben verschiedener Maschenweite besteht und damit die entstehenden Produkte u.a. in Schrot, Grieß und Mehl trennt. Ich fragte mich, warum man auf die Idee gekommen war, eine Maschine, die nur ein Teilstück in der Technologie des Mahlvorgangs in einer Weizenmühle ist, als Exponat auszustellen?

Die Entscheidung für diese Maschine war keine Eigenwilligkeit meines Vorgängers, sondern war das Ergebnis einer Anfrage nach Mühlenausrüstungen seitens der Kubaner.

Allmählich begriff ich die Bedeutung dieser Maschine für die Versorgung der kubanischen Bevölkerung mit Brot und Mehl.

Kuba konnte aufgrund der landwirtschaftlichen Gegebenheiten selbst keinen Weizen anbauen. Deshalb war das Land gezwungen, zu 100 Prozent das Getreide oder Mehl aus dem Ausland, vor allem aus den USA, zu importieren.

Kuba selbst verfügte über zwei Weizenmühlen. Eine befand sich in Havanna/Regla, die andere in Santiago de Kuba. Beide Mühlen hatten zusammen eine Mahlkapazität von 600 Tonnen Getreide pro Tag. Diese Menge an Getreide ergab eine Ausbeute von 460 Tonnen Mehl am Tag. Der Tagesbedarf lag damals in Kuba aufgrund eigener Berechnungen bei 920 bis 950 Tonnen Mehl.

Kuba war demzufolge nicht in der Lage, aus eigener Kraft die erforderliche Menge an Mehl zu produzieren. Der Import an Weizenmehl allein aus den USA müßte bis kurz nach der Revolution etwa 460 bis 480 Tonnen pro Tag betragen haben.

Nach der Wirtschaftsblockade hatte sich die Lage für Kuba grundlegend verändert. Die USA lieferten weder Getreide noch Mehl. Der Verlust wurde zum Teil durch Lieferungen aus der UdSSR ausgeglichen, obwohl dieses Land selbst erhebliche Mengen Weizen importierte.

Aber das war nur ein Teil der Schwierigkeiten. Wie bei den Konsumgütern und bei Industrieprodukten war es vor der Revolution kein Problem, auch Getreide oder Mehl aufgrund der territorialen Nähe aus den USA zu importieren. Innerhalb von wenigen Tagen trafen die bestellten Produkte aus Florida im Hafen von Havanna ein. Man brauchte daher in Kuba bis zu diesem Zeitpunkt weder große Silokapazitäten noch Lager für Mehl.

Aber Weizenmehl aus der Ukraine zu liefern, war eine kaum zu lösende Aufgabe. Auf der monatelangen Überfahrt aus der UdSSR zog das Mehl Feuchtigkeit an und verminderte erheblich die Qualität. Hinzu kam, daß die UdSSR den Bedarf Kubas an Weizen nicht decken konnte. In den Jahren unmittelbar nach der Revolution wurden in Kuba nur 180.000 Tonnen Mehl pro Jahr produziert. Das entsprach rund 55 Prozent des erforderlichen Bedarfs.

Also mußten andere Lösungen gefunden werden. Jetzt war mir auch klar, warum die DDR die Maschine »Plansichter« als Exponat für die Industrieausstellung mit aufgenommen hatte. Auch ich war fasziniert von der Möglichkeit, Ausrüstungen für die Mühlenindustrie in Kuba abzusetzen.

Die Tage und Wochen vergingen, und mit ihnen rückte der Eröffnungstermin der Industrieausstellung näher und näher. Wir hatten alle Hände voll zu tun. Viele organisatorische Fragen waren zu klären und zu entscheiden. Wer würde welche Stände auf der Ausstellung betreuen, oder wer überwacht den Aufbau der Exponate?

Zu diesem Ereignis war aus der Heimat eine hochrangige Regierungsdelegation unter Leitung von Prof. Hans Rudolph Rodenberg, Mitglied des Staatsrates der DDR, angereist, der auch Wolfgang Rauchfuß, zuständig für die Handelsbeziehungen DDR-Kuba, angehörte. Die kubanische Seite war am Tage der Eröffnung ebenfalls mit einer hochrangigen Delegation unter Leitung des Präsidenten der Republik Oswaldo Dorticos vertreten. Che Guevara war ebenfalls anwesend.

Beide Regierungsdelegationen betraten gemeinsam die Ausstellung und besuchten alle Stände der Außenhandelsbetriebe der DDR. Wenn ich auch für den Stand insgesamt verantwortlich war, übernahm ich die Betreuung für den »Plansichter«, da kein Spezialist aus der DDR mit angereist war.

Che Guevara durchschritt zügig die Ausstellungshalle. Sein besonderes Interesse galt den landwirtschaftlichen Maschinen, der Bewässerung der Felder und den Exponаten für die Lebensmittelindustrie. Die Versorgung der Bevölkerung mit Lebensmitteln, vor allem mit Mehlprodukten, stand auf der Tagesordnung.

Importe von Mehl aus der UdSSR waren aus technischen Gründen schwierig, und die eigenen Mahlkapazitäten Kubas reichten zur Versorgung der Menschen mit Mehl und Brot nicht aus. Deshalb interessierte sich Che für alles, was mit Weizenmühlen zu tun hatte und steuerte direkt auf meinen Stand zu.

Er blieb kurzerhand vor der Maschine »Plansichter« stehen, sah sich fragend um und suchte nach der Dolmetscherin. Ich war sehr aufgeregt. Natürlich war es damals im November 1961 für mich eine völlig neue Erfahrung, mit Ernesto Che Guevara, dem Revolutionär, dessen Name um die ganze Welt ging, von Angesicht zu Angesicht zu sprechen.

Aber das war es nicht allein: Nervös war ich vor allem, weil ich die Regierungsdelegation aus der DDR im Rükken fühlte. Ich dachte immer: Hoffentlich machst du keinen Fehler. Den würde dir zu Hause niemand verzeihen.

Che ließ mir keine Zeit, diesen Gedanken lange nachzuhängen. Er erkundigte sich nach der Funktion der Maschine und nach den technischen Leistungsparametern und danach, ob die DDR auch Referenzen vorweisen könne?

Er wollte wissen, wie hoch beim Mahlvorgang der prozentuale Anteil von feinstem Mehl und von Kleie ist, und wie viel Kohlehydrate und Eiweiß die Kleie enthält. Dann wollte Che genaue Auskünfte über Lieferfristen und einzelne Modalitäten im Falle des Imports von Ausrüstungen durch Kuba.

Ich beantwortete seine Fragen so gut ich konnte. Voller Stolz davon berichtete ich davon, daß die DDR-Unternehmen Mühlenbau Dresden für Weizenmehl und Wittenberge für Reis zu den führenden Mühlenherstellern Europas zählten. Che bedankte sich für die Ausführungen und verließ danach die Ausstellung.

Der Vertragsabschluß über den Bau von Mühlen

Mit dem Besuch von Che Guevara auf der Industrieausstellung begann im November 1961 das Projekt »Mühlen«, das sich für alle Seiten zu einem beispielhaften Exportvorgang entwickelte.

Die kubanische Seite hatte es jetzt offensichtlich recht eilig. Denn schon wenige Wochen nach dem Gespräch mit Che auf der Industrieausstellung rief mich der Leiter der Empresa Consolidada Harina, Companero Jacinto Diaz, an und bat um einen Termin. Wir trafen uns kurzfristig bei mir in der »ENE«. Wir kannten uns und konnten deshalb gleich zum Thema kommen.

Er legte ein Programm des Industrieministeriums dar, wonach Kuba bis zum Jahre 1968 die Kapazität für die Getreideverarbeitung so erweitern will, daß der Bedarf des Landes an Mehl vollständig aus eigener Produktion gedeckt werden kann und zusätzlich noch erhebliche Mengen von Kleie als Viehfutter anfallen. Nach diesen Darlegungen sollte eine Vermahlungskapazität von 1.360 Tonnen Getreide pro Tag und eine Silokapazität von 120.000 Tonnen erreicht werden.

Ich war beeindruckt. Was von meinem Gesprächspartner an Vorstellungen dargestellt worden war, würde bei Kuba deren Realisierung einen großen Schritt voran bringen. Das war wegen der US-Blockade der einzige Weg für das Land, um sich dauerhaft von allen Mehlimpor-

Anläßlich der Industrieausstellung der DDR 1961 in Havanna erläutert der Autor (etwas verdeckt) dem Industrieminister Che Guevara die Erzeugnisse der DDR für die Mühlenindustrie. Der Präsident Kubas, Osvaldo Dorticos (1. Reihe, 3. v.r.), wird begleitet vom Missionschef der DDR, Karl Loesch (2. v.r.), und dem Stellv. Minister für Außenhandel, Wolfgang Rauchfuß (hinter der Dolmetscherin).

ten unabhängig zu machen und sogar noch einen erheblichen Zuwachs an Kleie als Viehfutter selbst herzustellen.

Nach den Vorstellungen der kubanischen Fachleute sollte das Projekt in drei Etappen realisiert werden:

Die erste Phase betraf Maßnahmen zur Erweiterung der Kapazitäten der bestehenden Mühlen in Havanna und Santiago de Kuba um rund 75 Tonnen pro Tag. Die an diesen Standorten befindlichen Silos sollten um eine Kapazität von je 15.000 Tonnen erweitert werden.

Die zweite Phase galt dem Neubau von je einer Weizenmühle in Cienfuegos und Nuevitas mit einer Leistung von je 200 Tonnen pro Tag und mit Silos von je 30.000 Tonnen Fassungsvermögen.

In einer dritten Phase sollte der Neubau einer Hartgrießmühle in Cienfuegos mit einer Kapazität von 200 Tonnen pro Tag und die Rekonstruktion der bestehenden Mühle in Havanna erfolgen.

Wie schon gesagt: Ich war von diesem Programm beeindruckt. Ohne Zeit zu verlieren, habe ich alle mir bekannten Details zusammen getragen und umgehend den zuständigen Stellen in der DDR zugesandt.

Jetzt waren die DDR-Betriebe gefordert. Konkrete Projekte waren zu entwickeln und Lösungsvorschläge für technische Ausrüstungen zu erarbeiten. Die elektrischen Ausrüstungen mußten nicht nur tropengeschützt geliefert werden, sondern auch den kubanischen Spannungsverhältnissen von 60 Hz entsprechen.

Der Mühlenbau war hinsichtlich der Liefertermine in hohem Maße von der Zulieferindustrie abhängig. Welchen Einfluß hatte das auf die Lieferungen, Montage und Inbetriebnahme?

Vieles mußte bedacht, durchgerechnet und mit der kubanischen Seite exakt abgestimmt werden. Zu diesem Zweck reiste im November 1962 eine Delegation aus der DDR nach Kuba. Die Spezialisten des VEB Mühlenbau Dresden, vor allem der Ingenieur Karl Edel, leisteten in Kuba eine große Arbeit. In einem unermüdlichen Einsatz verschafften sie sich vor Ort einen Überblick über die konkreten Bedingungen, erstellten Vorschläge und Lösungswege. Mit ihrem Fachwissen erwarben sie sich schnell das Vertrauen und die Anerkennung der kubanischen Experten, was sich wiederum positiv auf unsere Gespräche mit den Kubanern auswirkte.

Als erstes sind dann die Projekte für die Erweiterung der Mühlen in Havanna und Santiago de Kuba verhandelt worden. Das kubanische Industrieministerium akzeptierte unsere Vorschläge, so daß noch im Dezember 1962 die entsprechenden Verträge für die Projektierung der zu erweiternden Mühlen abgeschlossen werden konnten.

Nach diesem Schritt konnte ich mich mit ganzer Kraft der Vertragsvorbereitung über den Neubau der Mühlen in Cienfuegos und Nuevitas zuwenden. Das Jahr 1963 war bereits einige Monate alt. Und der Betrieb VEB Mühlenbau Dresden hatte für dieses Projekt ebenfalls schon erhebliche Vorleistungen erbracht. Deshalb wollte die Betriebsleitung in Dresden wissen, wann es denn endlich auch über dieses Vorhaben zu einem Vertragsabschluß zwischen der DDR und Kuba kommen würde?

Ich befand mich in dieser Zeit in einer vertrackten Lage. Der Druck aus der Heimat wurde größer und größer. Man wollte verständlicherweise eine konkrete Vereinbarung sehen. Der VEB Mühlenbau ging auch mehr und mehr in die Vorleistungen, und die Jahrespläne der Zulieferindustrie in der DDR mußten ebenfalls auf die Vorgaben der Kubaner ausgerichtet werden.

Ich habe in diesen Monaten des Jahres 1963 alles unternommen, um bei den Kubanern die verantwortlichen Ansprechpartner ausfindig zu machen. Mir war lange nicht klar, an wen ich mich wenden könnte, oder warum die Gespräche ins Stocken geraten sind. Und so führte mich mein Weg durch den Dschungel der kubanischen Institutionen von »Pontius zu Pilatus«.

Doch ohne Erfolg. Die Kubaner, die ich aufsuchte, waren und blieben freundlich. Aber nach den Gesprächen wußte ich so viel wie vorher – also nichts!

Ich konnte es mir nur so erklären, daß die Kubaner große Schwierigkeiten hatten, das Projekt zu realisieren, es uns gegenüber aber nicht eingestehen wollten. Diese Investition, also der Neubau einer Mühle, stellte damals für Kuba eine große Herausforderung dar. Für diese Mühle mußten Entladestationen und Silos erstellt werden. Kuba war für den Bau der Gebäudehülle zuständig. Sicher, das war nicht einfach.

Es war mittlerweile Mai 1963: Man hatte mich in der Zwischenzeit mit der Leitung der Handelsvertretung der DDR in Kuba beauftragt.

Damit wurden die Aufgaben für mich wahrlich nicht weniger. Aber wie es so ist: Diese Funktion hatte auch eine positive Seite. Ich bekam jetzt natürlich schneller Zugang zu allen Leitungsebenen des kubanischen Außenhandelsministeriums Mincex.

Da die Entscheidung über den Bau der Mühlen in Cienfuegos und Nuevitas immer noch offen war, begab ich mich unverzüglich zur Ländersektion des kubanischen Außenhandelsministeriums und sprach beim Companero Domingo Alonso sowie beim Hauptabteilungsleiter für Sozialistische Länder, Israel Bello, vor. Aber auch dort das bekannte Spiel. Freundlichkeit über alle Maßen, aber mehr nicht. Danach meldete ich mich beim Vizeminister an. Auch hier wie überall freundliche Gesichter aber keine Entscheidungen. Der Vizeminister sagte kurz: »Ich brauche die Unterschrift von Che. Ohne die ist nichts zu machen.«

Jetzt wußte ich wenigstens, woran ich war. Also wieder zum Industrieministerium mit der Bitte um ein Gespräch bei Che Guevara. Nach einigen Tagen bekam ich den Termin. Wie bisher immer: nach Mitternacht. Nun hatte ich für solche Begegnungen schon die nötige Erfahrung. Ich fuhr zum Industrieministerium und stellte mich auf ein längeres Gespräch mit Che ein.

Aber es kam ganz anders. Ich konnte kaum ein Wort sagen, da drückte mir Che die Kopie eines Schreibens in die Hand. Das Schreiben war an das Mincex gerichtet. Darin genehmigte Che ausdrücklich die Mühlenprojekte in Cienfuegos und Nuevitas. Dieser Brief enthielt außerdem auch die Aufforderung, nunmehr den Vertrag über den Bau der Mühlen abzuschließen.

Che gab noch einige Erklärungen ab, etwa daß jetzt Mincex am Zuge sei und er hoffe, daß die DDR nun alle zugesagten Termine einhalten werde. Er brachte seine Sorge zum Ausdruck, ob es gelingen würde, den Bau der Mühlengebäude mit der Lieferung und Inbetriebnahme der Mühlen, einschließlich der Entladestation und Silos, zeitlich zu koordinieren.

Seine weiteren Fragen betrafen Walter Klein und unseren Botschafter, dem Cuba gerade das Agréement erteilt hatte. Er stellte noch Fragen zum Neuen Ökonomischen

System in der DDR, wie es sich fördernd auf Produktion und Motivation der Leitungskader auswirken würde. Die mir zugänglichen Fakten legte ich dar.

Der weitere Verlauf des Gesprächs war für mich sehr interessant, da Che Fragen aufwarf, die auch uns in der Handelsvertretung der DDR sehr bewegten.

In einem ersten Komplex beklagte Che, daß die Wirtschaftsplanung in der DDR zu unflexibel sei. Aufgrund dessen sei die DDR nicht in der Lage, bei kurzfristigen Anforderungen zum Beispiel von Ersatzteilen oder bei zusätzlichen Investitionen positiv zu reagieren. Kuba habe als Entwicklungsland besonders darunter zu leiden

Der zweite Komplex betraf den Außenhandel. Che fragte: »Warum muß Kuba beim Import aus den sozialistischen Ländern die Herstellungskosten bzw. den Weltmarktpreis der jeweiligen Erzeugnisse zahlen, während bei seinen Exporten ein künstlich geschaffener Weltmarktpreis zugrunde gelegt wird, der weit unter den entsprechenden Produktionskosten liegt?« Nach seiner Ansicht wäre das als Handelsprinzip unter sozialistischen Ländern überhaupt nicht zu akzeptieren.

Drittens erregte sich Che erneut über das Sofortzahlungs-System beim Import von Anlagen und Ausrüstungen. Er sagte: »Damit ist Kuba solchen Zwängen ausgesetzt, die seine Entwicklung verzögern und teilweise hemmen.«

Dieses System war zwischen Kuba und der DDR zur Verrechnung von Verbindlichkeiten im Warenaustausch und bei Dienstleistungen in Anlehnung an das Verfahren innerhalb des RGW (Rat für gegenseitige Wirtschaftshilfe) vereinbart worden. Dabei wurde dem exportierenden DDR-Betrieb bei Vorlage der vereinbarten Dokumente von der zuständigen DDR-Bank der Betrag gutgeschrieben und das Konto des Vertragspartners bei der kubanischen Staatsbank entsprechend belastet.

Bei meiner Antwort zu den Preisen – nämlich, daß alle Waren zu Weltmarktpreisen ausgetauscht würden, forderte er mich mit höflichen Worten auf, die Frage »wem dient der sogenannte Weltmarktpreis, den Entwicklungsländern oder den Industrieländern?« zu beantworten. Che sagte: »Wenn Sie das getan haben, Companero Schaaf, finden Sie die Antwort über das Verhältnis von Profit und Gerechtigkeit.« Und weiter: »Weil Kuba und die DDR an einer Erweiterung des Handels interessiert sind, sollte über solche Fragen nachgedacht und althergebrachte Wege auch mal verlassen werden.«

Über die Mühlensituation berichtete ich nach Hause, aber einen gesonderten Vermerk über das weitere Gespräch mit Che habe ich nicht verfaßt. Der Grund dafür ist einfach zu erklären. Ich hätte mich in Berlin der Kritik ausgesetzt, mehr als Kubaner zu denken, als die Interessen der DDR offensiv zu vertreten. Ich konnte von Havanna aus die Wirkung einer Gesprächsnotiz mit diesem Inhalt nicht einschätzen. So eine Notiz konnte in der Ländersektion Kuba des Ministeriums für Außenhandel liegen bleiben oder auf nicht überschaubaren Wegen gefiltert und mit »guten« oder »häßlichen« Stellungnahmen oder Vorschlägen versehen, bis in die Führungsspitzen der Partei und Regierung gelangen. Wie auch immer: Die Reaktion darauf konnte großen persönlichen Ärger nach sich ziehen und war unübersehbar.

Auf jeden Fall hätte man mich nach meinen Antworten gegenüber Che befragt oder detaillierte Stellungnahmen abverlangt. Solche Unannehmlichkeiten wollte ich mir natürlich ersparen.

Allerdings kam mir damals nicht in den Sinn, daß Che mir das alles dargelegt hat, damit ich diesen Inhalt möglichst bis in das Politbüro der SED transportiere. Che wollte das, und die nächsten Monate haben diese Absicht bestätigt. Aber ich war zu sehr mit »Mühlen« beschäftigt und huldigte nicht der großen Politik.

Mit der Unterschrift Che's ging ich nun wieder zum Vizeminister für Handelspolitik. Er sollte Maquimport, dem zuständigen kubanischen Außenhandelsunternehmen die Genehmigung erteilen, nun endlich den Vertrag über den Neubau der Mühlen zu unterzeichnen.

Die Situation schien geklärt und die Atmosphäre war gelöst. Der Vertragstext lag neben allen Anlagen auf dem Tisch des Ministers. Doch ganz unvermittelt bat er um eine einzige Veränderung des Vertragstextes, so als würde es sich um eine Lappalie handeln. Er sagte: »Die Zahlungsbedingung sollte von Sofortbezahlung auf Kredit verändert werden.«

Ich muß blaß geworden sein. Diese Forderung stellte alle bisherigen Gepflogenheiten im Handel zwischen den sozialistischen Ländern und Kuba auf den Kopf.

Ich verwies sofort darauf, daß diese Forderung gegen die Zahlungspraxis der vorhandenen Abkommen verstößt und bat den Minister nachdrücklich, die Genehmigung doch zu den vorgelegten abkommenskonformen Zahlungsbedingungen zu erteilen.

Der Minister erklärte, keinen Handlungsspielraum zu haben und schlug vor, gemeinsam zum amtierenden Minister Raul Leon zu gehen.

Nun, eine Niederlage war für mich schon eine zu viel. Ich konnte mir nicht vorstellen, daß in diesem Falle zwischen dem Minister und seinem Stellvertreter unterschiedliche Auffassungen existieren würden. Da mir der Vizeminister aber viel sympathischer war, verzichtete ich auf den Besuch beim Minister und entschied mich für weitere Gespräche mit dem Vize.

Was konnte ich in dieser komplizierten Situation tun? Mir kamen die Worte von Che über die Zahlungsmodalitäten im Außenhandel zwischen Kuba und den sozialistischen Ländern wieder in den Sinn, und ich sah nun durchaus klarer: Die Entscheidung der kubanischen Seite, die Sofortzahlung abzulehnen und an deren Stelle Kredit zu verlangen, war ganz offensichtlich eine in der kubanischen Regierung abgestimmte Meinung.

Mein Vertrag über den Neubau der Mühlen war dafür das geeignete Objekt zur richtigen Zeit. Jetzt mußte ich handeln und zu einer Lösung kommen. Eine zeitliche Verschiebung der Vertragsunterzeichnung hätte für alle Seiten nur Probleme mit sich gebracht.

Der Vizeminister räumte mir Bedenkzeit ein. Er sah, wie ich mit mir rang und meine tiefe Enttäuschung bekämpfte. Ich machte letztlich den Vorschlag, den Vertrag mit einer Vorbehaltsklausel zu versehen und den kubanischen Vorschlag einer 10jährigen Kreditlaufzeit aufzunehmen. Innerhalb von 30 Tagen sollte dann – vorbehaltlich der Zustimmung der DDR – der Vertrag in Kraft treten.

Der Abschluß des Vertrages über den Neubau von Mühlen sollte eigentlich eine vorläufige Krönung meiner Tätigkeit in Kuba werden.

Der Weg vom Mincex in der 23. Straße zum Edificio »ENE« war nur einige 100 m lang, zu wenig, um mich zu beruhigen. Als ich im »ENE« ankam, waren die Büros schon leer. Ich mußte mich jetzt entscheiden wie es weiter gehen soll.

Als erstes informierte ich das Ministerium für Außenhandel der DDR, den zuständigen Außenhandelsbetrieb der DDR und den Betrieb VEB Mühlenwerke Dresden. Mit der Information habe ich diese Institutionen aufgefordert, mir zum Antrag der Kubaner auf Zahlungsänderung innerhalb von 30 Tagen eine offizielle Entscheidung der DDR mitzuteilen.

Der Betrieb VEB Mühlenwerke Dresden hatte die geringsten Sorgen. Er fühlte sich berechtigt, die schon begonnene Produktion der Anlagen und die Kooperation mit Kuba fortzusetzen.

Die Tage vergingen. Jeder wurde zur Qual, denn aus der Heimat kam weder ein »Ja« noch ein »Nein«. Die 30 Tage waren um, und ich bat die Kubaner, die Frist um weitere 30 Tage zu verlängern. Als ich nach 50 Tagen immer noch keine Nachricht aus Berlin erhielt, hatte ich aufgehört, beim Außenhandelsministerium der DDR eine Entscheidung anzumahnen. Für die kubanische Seite war nach 60 Tagen die Situation klar. Sie erwartete nun den Vertragsabschluß.

Ich hatte gegenüber den Kubanern »A« gesagt. Jetzt war meine Verantwortung gefordert, auch »B« zu sagen. Die kubanischen Partner drängten, sie wollten ja Sicherheiten für diese Projekte. So entschloß ich mich, immer in der Gewißheit und Überzeugung für beide Länder etwas Richtiges zu tun, die kubanischen Vertragspartner zur offiziellen Vertragsunterzeichnung in die Botschaft der DDR einzuladen.

Wie üblich bei solchen Anlässen nahm der Pressesekretär der Botschaft teil und organisierte das anschließende Pressegespräch. Die zuständigen Reporter der drei Tageszeitungen »Hoy«, »El Mundo« und »Revolucion« kannte ich bereits durch Interviews und Pressekonferenzen. Wir bereiteten alles professionell vor, mit aktuellen, interessanten Informationen, die sie dann in schriftliche Form, versehen mit Zahlen und Bildern, in die Hand bekamen. Auch unser Bier und das Büfett mit Halberstädter Würstchen wurden von den Reportern immer gern angenommen.

Mit anderen Worten, wir waren zu Pressekonferenzen und -gesprächen gut besucht und was wichtiger war, es wurde veröffentlicht. So auch in diesem Falle. Am 5.7.1963 veröffentlichten die Tageszeitungen das »Ereignis«.

Die Zeitung »Revolucion« schrieb dazu folgendes am 5. Juli 1963 in großer Aufmachung auf der 1. und 2. Seite, dazu Fotos aus der Pressekonferenz:

»Vertrag mit der DDR.

Lieferung neuer Weizenmühlen und Erweiterung zweier anderer.

Am gestrigen Tage wurden zwischen der Deutschen Demokratischen Republik und Kuba Verträge unterschrieben über den Kauf von zwei großen Weizenmühlen, die in den Häfen von Cienfuegos und Nuevitas gebaut werden sollen und über die Erweiterung der zur Zeit existierenden Mühlen in Havanna und Santiago de Cuba. Die Gesamtkosten der Planung, Projektierung, Ausrüstung, technischer Unterstützung, Montage bis zur Inbetriebnahme der Anlagen sowie des gesamten Programms der Erweiterung der kubanischen Mühlenindustrie erstrecken sich auf 13 Mio Pesos. Wenn man dazu den Anteil Kubas zählt, d.h. den Bau der Gebäude, der Infrastruktur usw., erhöhen sich die Gesamtkosten der Einrichtungen auf ungefähr 21 Mio Pesos.

Die Produktionskapazität jeder der neuen Mühlen beträgt 200 to täglich, erweiterungsfähig auf 300 to. Was die Erweiterung der existierenden Mühlen betrifft, der von

Havanna mit 400 to täglicher Produktion im Augenblick, würde sich diese auf 475 to erhöhen und der von Santiago de Cuba von 200 to auf 275 to. Dieses Programm der Erweiterung unserer Mühlenindustrie bedeutet ungefähr die Verdoppelung der augenblicklichen Produktion und einen außerordentlichen Sprung in der Erhöhung der Mehlqualität, da die in der DDR gekauften Ausrüstungen die modernsten und effizientesten sind, die es zur Zeit gibt.

Gestern Abend trafen sich in der Botschaft der Deutschen Demokratischen Republik die Repräsentanten der Botschaft der DDR und des Industrieministeriums Kubas mit dem Ziel des Vertragsabschlusses eines Gesamtprogramms zur Erweiterung unserer Mühlenindustrie.

Sowohl die Seite der DDR als auch die Seite Kubas drückten ihre Zufriedenheit über diesen Vertragsabschluß aus, der einmal mehr die brüderlichen Beziehungen zwischen unseren Ländern zeigt und informierten über diverse Einzelheiten dieses für Kuba wichtigen Importes an kompletten Anlagen aus der DDR.

In den neuen Anlagen werden jeweils 142 Personen Arbeit finden, darunter Arbeiter, Techniker und Verwaltungspersonal. Hinzu kommt die Erweiterung der bestehenden zwei Mühlen. Auch hier erfolgt pro Mühle eine Personalerhöhung um 35 Arbeiter. Die Erweiterung der Anlagen von Havanna und Santiago de Cuba werden vor Ende dieses Jahres begonnen und parallel zu ihnen die neue Mühle von Cienfuegos.

Die Ausrüstungen werden im Verlaufe der zweiten Hälfte 1964 geliefert. Als Produktionsbeginn wurde für die Mühlen von Havanna und Santiago de Cuba März 1965 beschlossen und für die neuen Mühlen von Cienfuegos und Nuevitas das 2. und 4. Quartal 1966. Während des

Prozesses der Montage der Anlagen und der Erweiterungen leistet eine Gruppe von 25 bis 30 Spezialisten der DDR technische Unterstützung.

Einmal abgeschlossen wird unsere Mühlenindustrie die fortschrittlichste in ganz Lateinamerika sein. Die Gesamtheit der Ausrüstungen wird von dem Betrieb ›DIA Chemieausrüstungen‹ der DDR geliefert.

Im Verlauf der Veranstaltung ergriff Günther Schaaf, Handelsrat der Botschaft der DDR, das Wort. Er brachte zum Ausdruck, daß der Verlauf unserer Handelsbeziehungen gezeigt hat, daß wir uns in vielen wichtigen Bereichen gegenseitig ergänzen. Aus der Sicht der DDR bezieht sich das an erster Stelle auf den Export von Maschinen, chemischen Produkten, Produkten der Leichtindustrie und kompletten Anlagen.

Dann wies er darauf hin, daß Kuba noch große Mengen Weizenmehl für seinen Bedarf aus der UdSSR importieren muß und daß es vorteilhafter ist, Weizen statt Mehl zu importieren. Damit vermeidet man auch Verluste, die der Viehzucht jetzt in Form von Kleie als Viehfutter zu Gute kommt, welches beim Mahlvorgang des Weizens anfällt.

G. Schaaf sagte, daß unsere Industrie zur Zeit ungefähr die Hälfte des Mehls, das für unseren Verbrauch notwendig ist, produziert und daß mit dem heute abgeschlossenen Programm der Erweiterung unserer Mühlenindustrie unsere Produktion sich verdoppeln wird und damit im Ergebnis den Bedarf mit in Kuba produzierten Mehl decken wird.

Die DDR ist der wichtigste Produzent von Mühlenausrüstungen im sozialistischen Lager.

Er fügte hinzu, daß mit der Erfüllung dieses Programms Kuba über große Mühlenzentren verfügen wird, die direkt mit den Seehäfen verbunden sind. Der importierte

Weizen kann mittels spezieller technischer Ausrüstungen aus den Schiffen in die Silos und von dort in die Mühlen transportiert werden.

Zum Abschluß sagte Günther Schaaf: ›Dieser Vertrag ist ein Beitrag zur Industrialisierung Kubas und gleichzeitig ein Schritt zur Erweiterung und Intensivierung unserer Handelsbeziehungen.‹

Von 1960 bis 1963 hat sich der Handel mit Kuba um das zehnfache erhöht. Die DDR nimmt Ende 1963 den dritten Platz im Außenhandel Kuba ein.

An der Veranstaltung nahmen teil: Günther Schaaf, Handelsrat der Botschaft der DDR; Adolf Brümmer, Pressesekretär; Siegfried Krause, Handelsdelegat; Jacinto Diaz, Direktor der Vereinigung der Mehl herstellenden und verarbeitenden Betriebe Kubas; Guillermo Rosario und Jesús Hernández vom Industrieministerium«

Alle anderen Zeitungen berichteten in ähnlich großer Aufmachung.

Ich glaubte, mit meiner Entscheidung der nun eingetretenen Situation Rechnung zu tragen und im beiderseitigen Interesse gehandelt zu haben. Aber scheinbar hatte ich »die Rechnung ohne den Wirt« gemacht, denn zu Hause in den Büros der Ministerien wurde mein Vorgehen ganz anders bewertet.

Ich erfuhr nämlich später, daß gegen mich wegen meines »eigenmächtigen und unverantwortlichen Handelns« ein Disziplinarverfahren eingeleitet worden war. Meine »Aburteilung« konnte ich jedoch durch ein klärendes Gespräch mit dem Außenhandelsminister Julius Balkow abwenden.

Außerdem bewegte sich einiges in den Wirtschaftsbeziehungen zwischen DDR und Kuba. Bereits am 4. September 1963 berichtete die Zeitung »Hoy« über die Vereinbarung eines langfristigen Kredits der DDR in Höhe von 10 Mio. $. Es sollte nicht der letzte Kredit zu günstigen Konditionen der DDR für Kuba bleiben.

Die Zeit verging. Im Herbst 1964 hatten wir alle Baustellen besucht. Beim Baufortschritt waren erhebliche Verzögerungen aufgetreten. Wir wollten diese Versäumnisse mit der kubanischen Seite auswerten und zu Lösungen kommen. Doch keinen konnte man so richtig greifen, um exakte Auskunft zu bekommen.

Hilfesuchend wandte ich mich wieder an das Büro von Che Guevara und bat um einen Termin. Erstmals mußte ich öfters anrufen, um dann letztlich doch eine Bestätigung zu erhalten.

Che war wie immer höflich. Er wirkte abgespannt und unkonzentriert. Entgegen den bisherigen Gewohnheiten bat er diesmal den zuständigen Abteilungsleiter Pineira hinzu und gab ihm einige Weisungen für die Bauarbeiten an den Mühlen und die Zusammenarbeit mit dem Bauministerium.

Che ließ sich von mir über die Situation auf den Baustellen informieren. Nachdem Pineira gegangen war, sagte Che, daß ich mich zukünftig doch an Pineira und Rosario halten solle oder an seinen Staatssekretär Cueto, da er längere Zeit abwesend sein werde.

Seine kurze Frage, ob es noch weitere Probleme geben würde, verneinte ich. Ich verabschiedete mich. Es war mein letztes Zusammentreffen mit Ernesto Che Guevara. Und nach meinen Kenntnissen war ich der DDR-Bürger, der ihn zum letzten Mal gesehen und gesprochen hat. Wie konnte ich es damals ahnen, daß ich mit Che nie wieder sprechen, diskutieren oder auch streiten würde?

Schon unmittelbar nach unserer Begegnung begab sich Che nach dem Besuch der UdSSR und der Teilnahme an der XIX. UNO-Vollversammlung als »Botschafter Kubas« auf eine mehrmonatige Reise durch verschiedene Länder der Dritten Welt. Höhepunkt des Besuchsprogramms war sicherlich sein Auftreten auf dem 2. Wirtschaftsseminar in Algier, mit dem Che nochmals weltweite Beachtung fand.

Am 14. März 1965 kehrte er von dieser Reise wieder nach Kuba zurück. Seine Ankunft in Kuba wurde in der hiesigen Presse sachlich vermeldet. Deshalb hatte ich zu diesem Zeitpunkt keine Veranlassung anzunehmen, daß sich die Rolle Che's in der Regierung Kubas verändert hätte.

Doch bereits zu diesem Zeitpunkt kursierten Geschichten und Spekulationen über angebliche Kontroversen zwischen Fidel Castro und Che Guevara. Hintergrund dieser Gerüchte waren Veränderungen in der Regierungsstruktur. So sollte das Industrieministerium aufgelöst und an deren Stelle einzelne Fachministerien geschaffen werden, wie z.B. das Ministerium für Lebensmittelindustrie unter Leitung des Comandante Castineira oder das Ministerium für chemische Basisindustrie.

Ich schloß mich in meiner Meinung diesen Gerüchten nicht an. Und auch auf offiziellen Empfängen, bei Arbeitsessen und anderen Zusammentreffen mit Botschaftsvertretern anderer Staaten schenkte die Mehrheit meiner Gesprächspartner den Meldungen über Zerwürfnisse zwischen Fidel Castro und Che keinen Glauben. Dennoch wurde mit jedem Tag deutlicher, daß Che bereits zu diesem Zeitpunk nicht mehr in Kuba war.

Am 3. Oktober 1965 wurde diese Vermutung zur Gewißheit. Es war der Tag, an dem den Bürgern Kubas der Abschiedsbrief von Che an Fidel Castro verlesen wurde. Im kubanischen Volk mischte sich ein Gefühl von Wehmut über den Verlust und Stolz auf ihren Commandante Che.

Auch mich ergriff in diesen Stunden ein unbeschreibliches Gefühl der Trauer und des Stolzes zugleich. Ich gehöre zu den glücklichen Menschen, die Ernesto Che Guevara, den Revolutionär, den Humanisten und unbeugsamen Helden persönlich kannten und erlebten.

Die Größe dieser herausragenden Persönlichkeit Che Guevaras in Worte zu fassen, wird mir nicht gelingen. Sie offenbart sich uns allen besonders eindrucksvoll in seinem Abschiedsbrief. Deshalb möchte ich abschließend den Lesern diesen Brief nicht vorenthalten und ihn hier im vollen Wortlaut zur Kenntnis bringen.

An Fidel Castro
Havanna   Jahr der Landwirtschaft

Fidel,
ich erinnere mich in diesem Moment an viele Dinge, seitdem ich Dich im Haus von Maria Antonia kennen gelernt habe, ich erinnere mich daran, wie Du mir vorschlugst mitzukommen, an die ganze Spannung während der Vorbereitungen.

Eines Tages kamen sie vorbei und fragten, wer im Todesfalle benachrichtigt werden sollte, und die konkrete Möglichkeit des Todes machte uns alle betroffen. Und dann entdeckten wir, daß es wahr war, daß man eine Revolution (wenn sie wahr ist) entweder triumphiert oder stirbt. Viele Genossen sind auf dem Weg zum Siege gestorben. Heute klingt alles weniger dramatisch, weil wir reifer geworden sind, aber gestorben wird auch heute.

Ich fühle, daß ich meinen Teil der Pflicht gegenüber der kubanischen Revolution, der mich an dieses Land band, erfüllt habe, und nun verabschiede ich mich von Dir, von den Genossen, von Deinem Volk, welches schon längst auch meines geworden ist. Ich verzichte hiermit auch formell auf meine Position in der Leitung der Partei, auf meinen Posten als Minister, auf meinen Rang als Comandante, auf meine kubanische Staatsangehörigkeit. Nichts Rechtliches bindet mich mehr an Kuba, nur Fesseln anderer Art, und die stehen nicht auf Urkunden.

Wenn ich eine Bilanz meines vergangenen Lebens ziehen müßte, dann würde ich sagen, daß ich mit ausreichender Loyalität und Hingabe für die Festigung des revolutionären Sieges gearbeitet habe. Meine einzige Schuld von Bedeutung ist es gewesen, daß ich nicht von Anfang an, seit den ersten Augenblicken in der Sierra Maestra, mehr Vertrauen zu Dir gehabt habe, und daß ich nicht schnell genug Deine Qualitäten als Leiter und Revolutionär begriffen habe.

Ich habe großartige Tage erlebt. An Deiner Seite habe ich den Stolz gespürt, in den leuchtenden und zugleich traurigen Tagen der Kubakrise zu unserem Volk zu gehören. Selten hat ein Staatsmann brillanter gehandelt als Du in jenen Tagen, und es erfüllt mich mit Stolz, daß ich Dir ohne Zweifel gefolgt bin, indem ich mich mit Deiner Art zu denken, die Gefahren und Prinzipien zu sehen und einzuschätzen, voll identifiziert habe. Andere Länder dieser Welt rufen nach Unterstützung durch meine beschränkten Kräfte. Ich kann das tun, was Dir wegen Deiner Regierungsverantwortung für Kuba verwehrt ist. Die Stunde unserer Trennung ist gekommen. Man soll wissen, daß ich dies in einer Stimmung aus Freude und Schmerz tue; hier lasse ich die reinste meiner Hoffnungen als Erbauer zurück, und den Liebsten der mir lieben Menschen... und hier lasse ich auch ein Volk zurück, das mich wie einen Sohn aufgenommen hat; das alles sticht mir in der Seele.

Auf die neuen Schlachtfelder werde ich den Glauben mitnehmen, den Du mir eingepflanzt hast, den revolutionären Geist meines Volkes, das Gefühl, der heiligsten aller Pflichten zu dienen, gegen den Imperialismus zu kämpfen, wo auch immer er sich befindet; dieses Gefühl vernarbt und heilt alle Wunden.

Ich betone noch einmal, daß ich die Republik Kuba von jeder Verantwortung freispreche, außer von der, die sich aus ihr als Beispiel ergibt. Und falls dann meine letzte Stunde unter anderen Firmamenten anbrechen sollte, dann wird mein letzter Gedanke diesem Volk und Dir gelten. Ich betone, daß ich Dir für die Lehren und Dein Beispiel dankbar bin, dem ich bis in die letzten Konsequenzen meines Handelns treu sein werde. Daß ich mich immer mit der außenpolitischen Haltung unserer Revolution identifiziert habe und daß ich dies auch weiterhin tun werde. Daß ich mich, wo auch immer ich mich befinden werde, als kubanischer Revolutionär fühlen und mich als solcher verhalten werde. Daß ich weder meinen Kindern noch meiner Frau etwas Materielles zurücklassen werde und daß dies mich nicht schmerzt. Es freut mich, daß es so ist. Daß ich für sie nichts erbitte, weil der Staat ihnen das zum Leben Ausreichende und zur Erziehung Nötige geben wird.

Ich hätte Dir und unserem Volk noch viele Dinge zu sagen, aber ich fühle, daß dies nicht nötig ist, die Worte können nicht das ausdrücken, was ich sagen möchte, und es lohnt sich nicht, noch mehr Seiten zu beklecksen.

Hasta la victoria siempre. Patria o Muerte!

Ich umarme Dich mit aller revolutionären Begeisterung

Che

Literaturverzeichnis

Betto, Frei: Nachtgespräche mit Fidel. Berlin, 1988

Cuba En La Mano. La Habana, 1940

Guevara, Ernesto Che: Ausgewählte Werke in Einzelausgaben, Band 6: Der neue Mensch – Entwürfe für das Leben in der Zukunft. Bonn, 1990.

Guevara, Ernesto Che: Ausgewählte Werke in Einzelausgaben, Band 3: Aufsätze zur Wirtschaftspolitik. Bonn, 1990

Guevara, Ernesto Che: Bolivianisches Tagebuch. Berlin, 1987

Guevara, Ernesto: Mein Sohn Che. Hamburg, 1986

Huhn, Klaus: Companero Castro – Auf Kubas steinigem Weg. Berlin, 1996

Lawrezki, Josef: Ernesto Che Guevara. Berlin, 1974

Lechuga, Carlos: En el ojo de la Tormenta. Melbourne, 1995

Löwy, Michael: Che Guevara. Köln, 2. Auflage 1993

Merle, Robert: Moncada – Fidel Castros erste Schlacht. Berlin, 1978

Neoliberalismo »Reforma y Revolucion en America Latina«. Mexico, 1994

Nichele, Franc: Kuba. Köln, 1999

Nunez Jimenez, Antonio: Patria o Muerte. Havanna, 1961

Panitz, Eberhard: Comandante Che, Biographische Skizze. Berlin, 1997

Political, Economic and social Thougt of Fidel Castro. Havanna, 1959

215 Seiten, broschiert, 14,90
ISBN 3-89144-004-9

302 Seiten, broschiert, 14,90
ISBN 3-89144-005-7

174 Seiten, broschiert, 14,90
ISBN 3-89144-006-5

244 Seiten, broschiert, 14,90
ISBN 3-89144-007-3

279 Seiten, broschiert, 14,90
ISBN 3-89144-008-1

194 Seiten, broschiert, 14,90
ISBN 3-89144-009-X